U0121408

大展好書　好書大展

品嘗好書　冠群可期

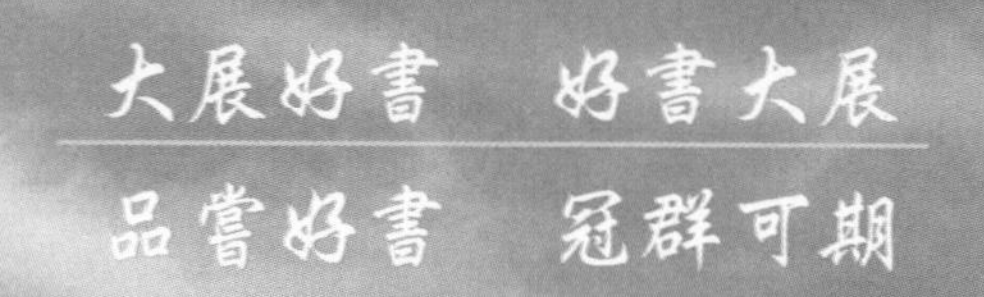
大展好書　好書大展
品嘗好書　冠群可期

理財、投資4

歪打正著

——輕鬆致富投資術

黃 國 洲／著

大 展 出 版 社 有 限 公 司

自序

當初決定要寫這樣一本書時，心裡就知道，已經為自己找了一件苦差事來。果不其然，光是收集資料，就花費了我前後兩年的時間，人物包括古今中外，大如商鞅、呂不韋、李斯、曹操、蘇洵、王永慶、巴菲特、索羅斯、科斯托蘭尼、曹興誠、金庸等人，小至一般平民百姓，甚至恐龍、花鳥走獸、昆蟲植物等。地區也涵蓋甚廣，有美洲、亞洲、歐洲、非洲等地區，著實讓自己收集資料，極其辛苦。

在收集資料的過程當中，觸鬚必須極為敏感，一聽到、看到符合要求的投資行為時，勢必要追根究底不可，有時候翻了好幾本書，有時候上了好幾晚的internet，目的就是要把寫書的資料找齊來。相聲國寶級人物吳兆南先生，終身獻身於相聲這門藝術，成就已經很偉大了，可是根據他徒弟說，吳兆南先生如果聽到一段笑話，若沒有即時想通，講笑話者的抖包袱方法（笑話結構）的話，當天晚上一定就會難過地失眠，因為這如同一

位玉匠碰到了一塊璞玉，卻不會把它切開一樣的難受。

我在收集資料的過程當中也是如此，若有段絕妙的投資術被我聽到，卻沒被我找到，我將會難過好幾天，直到我完全把它的方法給找齊了，這才安心。花費了兩年的時間，終於把古今中外大部分的投資術給找齊了，在過程中，自己也收穫不少，不但更釐清自己的投資觀念，也增加了許多新的投資手法，誰說書中沒有黃金屋呢？這本書中任何的一篇，都有可能會讓讀者擁有一間黃金屋，有些投資術在書中被我加以發揚，有些卻只是點到為止而已，還有更多的投資術由於只是誤打誤撞，或者已經不符合潮流，就被筆者捨棄不用。

書中每一篇都是使用前人投資術的精華，濃縮再濃縮，加強再加強，編撰而成的。期望讀者會因為，自己讀到其中任何一篇而有所啟發，進而實際應用，得到意想不到的結果。在我許多作品當中，這本書是我花費最多心血編撰而成的，我本身非常的喜歡它。

黃國洲

目 錄

1、移花接木……九
2、變色的紅綠燈……二一
3、籠子捉鳥……二八
4、誰是財神爺……三九
5、賣夢的人……四三
6、投資不是理財……五六
7、慣 性……六〇
8、一魚兩吃……六三
9、人們傾向懶惰……七五
10、亂局就是大局……七九
11、出脫術……八二

12、上班能賺錢嗎……………………一〇〇
13、成功不必在我……………………一〇三
14、創造財富…………………………一〇六
15、失去抑或還有……………………一一六
16、投資小孩1………………………一二一
17、投資小孩2………………………一二九
18、投資不作空………………………一三六
19、轉戰其他市場……………………一四〇
20、菲傭記……………………………一四三
21、斷尾求生…………………………一五四
22、資訊等於財富……………………一五九
23、原來我家還有別的東西在住……一六二
24、心　術……………………………一六八
25、橋牌ｖｓ圍棋……………………一七四

26、投資的目的……一七八
27、可憐之人必有可惡之處……一八一
28、進化不能停止……一八六
29、不完美主義……一九一
30、天生萬物以養人……一九四
31、一定要錯一次……一九七
32、台北的狗……二〇一
33、法國農民中頭彩……二〇七
34、好冷的天……二一〇
35、非洲黃金狐……二一五
36、弄假成真……二二一
37、智慧的拳王……二二四
38、戰敗的德國……二二八
39、中國龍……二三二

40、蠶食鯨吞……二三九
41、鬥　魚……二四三
42、相國之學……二四八
43、小病不醫……二五七
44、曹操的投資學……二六三
45、停車之道……二六六
46、鉅富的特質……二七二
47、致富的關鍵……二七六
48、太極四勁法……二七九

1、移花接木

俗語說：「窮則變，變則通。」人在世上，最重要的是要有顆靈活的心，對什麼事情都保持高度興趣，才不會使自己陷入不可自拔的泥沼。

× × ×

一位中部東勢的果農——家銘，邊包裝梨子邊向坐在一旁的父親說：「唉！今年的橫山梨價格很差耶。一斤只有七、八元，扣掉肥料、工錢已經所剩無幾了。」

家銘的父親道：「阿銘呀！橫山梨的價格愈來愈差，你要想想辦法，不能死種著這個梨子。」

家銘的父親已經做不動農事，坐在椅子上幫兒子做些輕便的工作。

家銘說道：「可是您總不能讓我把梨子樹給挫掉吧！」

阿爸說道：「怎麼不行，現在你經營的梨子園，以前就是阿爸把桃子

樹給挫掉，改種橫山梨的。做事不能老是一成不變。」

家銘說道：「梨子樹挫掉我們吃什麼？再說，我也還沒想出來要種什麼？」

阿爸說道：「阿爸老了！不過阿爸還知道，現在的橫山梨之所以價格會這麼低，得歸咎於梨山的二十世紀梨，你看人家的二十世紀梨多甜又有水分又漂亮。那像我們的橫山梨，肉質又粗又酸，難怪人家願意花錢買一斤四十元的二十世紀梨，也不願意買一斤七、八元的橫山梨。」

家銘說道：「那我們怎麼辦，我們的果園在山下，又不能把它搬到梨山山上去。」

阿爸說道：「既然地不可以動，那就移動樹看看嘛！」

家銘說道：「也不行呀！前幾年，隔壁的阿輝就試過了，果樹是可以長，可是不會開花，更不會結果。」

阿爸放下手中的活說道：「難道就真的沒有辦法了嗎？辦法是人想出來的，一定要活用腦筋。」自顧拿起口袋的「新樂園」抽起煙來。

家銘看了說道：「我再想想其他辦法好了。」

由於梨山的地勢較高，溫度長年較低，是屬於溫帶型氣候，水果也較山下晚成熟，等到家銘自家的果園採收完畢之後，梨山的梨子才正式進入生產旺季。所以，當地山下勤勞的農民，往往自家的農事忙完之後，還有一個工作可以做，就是上山打些零工，補貼家用。

「阿銘你家的梨子，採收完畢了沒有？」在梨山租了一片果園的阿舍打電話過來。

家銘說道：「採完了呀！」

阿舍道：「那你現在是不是比較閒！」

「對呀！」家銘有氣無力地回答。

阿舍道：「乾脆你到我梨山的果園幫忙好了，我會算工資給你的。」

「好呀！」家銘聽到有錢可以賺，精神就出現了。

就這樣家銘跟著阿舍到他的梨山的果園，做著原本他就熟悉的工作，只是高山早晚天氣較冷，就算是夏天也很像山下的秋天的氣溫。而且地處

偏僻，兩人還必須住在阿舍搭的農舍裡面。就在家銘上山十幾天後，來了一個大颱風，把梨園的梨樹樹枝給吹斷了不少，未成熟的梨子就掛在斷掉的樹枝上面。這看在阿舍、家銘的眼裡，不免心疼。

阿舍在農舍裡獨自嘟囔著：「真倒楣！好死不死來個大颱風。」

家銘安慰阿舍道：「阿舍！沒關係，等颱風走了以後，我們再去果園裡，看看怎麼挽救。」

阿舍洩氣地說：「也只好這樣了！」

颱風過去了，阿舍和家銘站在果園裡面，觸目所及盡是折斷的樹枝，被風吹落在地上。家銘正感絕望之際。就聽到阿舍說：

「還好！還有希望，只是我們要多忙一些。」

家銘驚訝地問道：「怎麼說呢？」

阿舍道：「前年颱風也是吹斷了許多樹枝，後來我想人的骨頭斷掉都可以接上，果樹怎麼就不行呢？不如也來試試看，所以，也把被風吹斷的樹枝像接骨一樣接回去，後來你猜怎麼樣？」

家銘直問道：「怎麼樣了？」

阿舍道：「我接回去的樹枝不但都長好了，而且在上面的梨子也照樣開花結果，一點也不輸沒受傷的樹枝。所以，我有信心這次仍然可以接得回去。」

「那我們就動手吧！」家銘也被感染興奮了。

兩人於是動手，把被吹斷的樹枝一一的接回去。有些樹枝實在找不到原來的位置，阿舍乾脆就隨便找棵果樹，把樹枝削去一些，把那些被吹落卻含果子的樹枝給插了上去，然後再用尼龍繩細細綁好。

家銘看了驚奇地問道：「這樣子也行呀！」

阿舍露出鄉下人憨直的笑容說道：

「那年有許多的梨子都是這樣種出來的，而且還是別有風味哩！」

家銘直呼不可思議。

兩人工作了四、五天，終於把梨樹的「斷肢」都給接上去了，梨園恢復了舊觀。而且經過阿舍的細心照顧，所有接枝的梨樹都沒有出現「落果

」的現象。

家銘讚嘆道：「真是神奇！」

阿舍道：「對呀！大自然自己會復原的，不是嗎？」

家銘這時候想到一個很重要的概念，卻一時轉不過來是什麼東西，總之，對他而言，是一個很重要的概念。

但是，他卻無法一下子釐清思緒。

就這樣子！阿舍的果園在阿舍與家銘的努力之下，終於豐收了。一斤四、五十元的二十世紀梨，因為颱風的關係漲到一斤六十元，其他梨山果園收成都不理想，更讓阿舍笑不攏嘴。

「真是豐收的一年。」家銘忙完了最後一天的工作。

阿舍道：「對呀！真虧得你的幫忙，謝謝你。」

家銘領到工資，告別阿舍，隨手摘了幾枝果樹樹枝，順手帶下山去。

家銘回到家看到父親叫道：「阿爸！我回來了嘍。」

阿爸道：「喔！很好，有什麼收穫嗎？」

「這裡多了幾萬元！」家銘拍拍自己的口袋，父子相視一笑。

阿爸邊抽煙邊說道：「除此之外，還有沒有其他的收穫，例如，阿舍的特別技術。」

這句話提醒了家銘，家銘終於記起當天自己突發的一個概念，現在再清楚不過了。

家銘趕緊看看自己的行李，幸好幾枝梨樹的樹枝仍然還在。家銘馬上放下行李向阿爸說：「我看阿舍接枝過的樹，都還能活，剛好我帶了幾枝樹枝下來，我也試試看，能不能在山下也接得活。」

說完家銘立刻拿起樹枝，直奔自己的果園。選了幾棵健壯的果樹，把它們的樹枝削去一些，然後接上從梨山帶下來的二十世紀梨的樹枝，再把接縫處仔細包紮好。

家銘心裡想：「說不定，不同品種也是可以吻。」

幾天後，新接的樹枝，在家銘的細心照料下，生長的很好，完全沒有排斥作用。家銘嘴角微笑著，心裡想著一個大膽的計劃。

轉眼間，時間過了半年，山下的梨樹開滿了梨花。花凋謝後，梨樹就結滿了小果實。這時候的果農，就要進行篩選的工作，就是把生長過多的枝葉及果實減去一些，以確保整株的梨樹能夠正常的發育，每個果實都能充分得到養分。

家銘在自家果園裡也做著同樣的工作，不過他不是篩選果實，而是全部把所有的果實都剪了去。

隔壁的老農阿清，見到看不過去於是說：「阿銘，你怎麼把全部的果實都剪了去。你是不是頭殼壞掉呀！」

家銘道：「反正做半天，一斤還不過是七、八元，扣掉工錢、肥料錢還不是沒賺多少。」

家銘邊說邊剪，又剪下了一大片果樹下來。

老農阿清心疼地說道：「唉呦！太可惜了，那你今年吃什麼？」

家銘笑笑地說道：「反正老天爺會養我的！」

阿清搖搖頭不再理會家銘，認為他已經頭殼壞掉了。

家銘花了四天的時間，剪完了所有的果實，然後自己搭車去了梨山一趟，逢人就要二十世紀梨剪下來的果實樹枝，反正這對山上的果農而言，也是無用之物，家銘很快地就收集到他要的數量。下山之後，回到自己的果園，把要來的二十世紀梨的果實樹枝，一一接枝到橫山梨的樹枝上。

「這就叫做移花接木！」家銘心裡得意地想。

經過辛苦的呵護，二十世紀梨的果實果然不負家銘所望，都安穩地生長在橫山梨上。成熟的季節到了，果農紛紛忙著。如同以往，橫山梨的價格仍然是一斤七、八元，而二十世紀梨一斤卻要四、五十元。而家銘卻在這時候，推出大家都沒見過的新品種。

「你的梨子怎麼那麼奇怪！」農會總幹事吳武雄先生好奇地問。

「總幹事您吃吃看再說。」家銘切了一片梨子給吳總幹事吃吃看。

吳總幹事吃了一口，覺得風味特殊，不但有二十世紀梨的甜度，還隱約有橫山梨的香味。

不禁稱讚道：「甜膩不輸二十世紀梨，又有二十世紀梨沒有的清香，

真是不錯的品種，它叫什麼品種呢？」

家銘一時答不出來，看到旁邊擺著的二十世紀梨。靈機一動說道：「它是我今年剛研究出來的品種，就叫它『新世紀梨』好了！」

吳總幹事讚許道：「好個新世紀梨，很好吃，不要太便宜就賣喔！」

於是新世紀梨之名不脛自走，由於數量少，又有農會總幹事的背書，一斤售價竟然高達八十元，足足比橫山梨高了十倍的價錢，而且迅速銷售一空。許多沒嚐到的客人，已經向家銘預約明年的產量了。

賣完梨子後，家銘趕緊買了一整條長壽煙，跑回家送給父親。並向父親道：「阿爸！我終於成功了。」

他父親也高興的抽著新買的長壽煙。邊點頭邊說道：「還是長壽煙好抽多了。」

家銘終於得到了豐富的收穫，不過，家銘雖賺了一筆錢，卻不藏私，很大方地把方法公開給其他的果農知曉，讓平地的果農後來的收入也漸漸

增加。後來人們稱這種接枝高山水果於平地梨子的技術為「高接梨」。

當所有的平地果農都會這種高接梨技術的時候，新世紀梨成為媲美梨山二十世紀梨的水果。家銘又開始了他的新里程碑，他開始研究日本的梨種，把日本最好的梨種也引進台灣接枝，後來陸續又推出了「豐水」「幸水」等高級的梨種。讓自己與父親的生活改善不少。

× × ×

小時候買不起三稜鏡，鄰居的阿婆於是教我一個方法，就是把鏡子放在水盆裡，再把盆子拿到陽光下，這樣也能讓陽光折射出來一片美麗的彩虹。初見到彩虹距離自己如此之近，有點夢幻的感覺，現在想起來，仍然覺得當時那美麗的彩虹，照在粗糙的泥牆上，是一種驚心動魄的美麗，沒想到遠在天邊的美麗彩虹，竟可以和自己如此接近。

如果家銘一輩子只在自己果園裡辛勤地工作，而從不思考如何去改善自己環境的話，那他永遠只是一道平凡的白光而已。但是，經過一番的分解之後，卻可以出現美麗的彩虹，照耀在永遠都不可能出現彩虹的粗糙泥

牆上，而且彩虹不再是雨後的曇花一現，它可以隨時出現在有陽光的日子裡。

人的投資不也是一樣嗎？本來只是平凡的投資，如果在自己的手上仔細分解的話，或許也會成為一筆用不完的財富喔！

所以，當工作遇到瓶頸時，有時候仔細改良工作的內容，或許可以突破前所未有的境界，開創一個新的視野，這可是勝於隨便轉換工作的呀！正所謂「改良勝於創新」。

2、變色的紅綠燈

世上有許多事情，都是積非成是的，許多大說謊家都深黯此道，到最後，甚至說謊話的人，都會認為自己是在說真理咧。也有一些是習慣成為自然，因為大家都這麼做，自己也就在不知不覺中，照著別人的樣子去做了，絲毫不覺得有哪裡不對勁。

× × ×

女兒剛上幼稚園時，我著實擔心許久，擔心她不能適應團體生活。但是，她除了前幾天的陌生、放不開之外，很快地就在幼稚園裡認識其他小朋友，而開始喜歡那裡的生活，這讓我先前擔心她會適應不良的憂慮煙消雲散，自己整個心放了下來。而且我還發現她進步許多，像會折被子、自己吃飯、愛畫畫等。還有許多老師教的東西，她也會在言談之中不經意的說出來，有時候還真讓我覺得驚訝。

有一天，我開車送她上學，經過十字路口，車子被紅綠燈攔了下來。女兒見狀說：「爸爸！郭老師說『過馬路要把手舉起來』耶！」「喔！」我覺得有趣，仍然等我的紅燈。

女兒又說：「爸爸！郭老師還說『看到綠燈要馬上過去，看到紅燈要停下來喔！』」

我回答道：「沒錯！你們的郭老師說的很對！」

女兒說：「所以，我們現在停下來，對不對？」

我微笑讚許地道：「對！這叫做紅燈停、綠燈行。」我把它編成一個口訣。

女兒眼尖，見到綠燈亮了，說道：「爸爸！爸爸！綠燈了，我們可以行了。」

我回答道：「好，坐穩了，爸爸要開車了。」

我於是繼續我的行程，沒多久，又遇到另一個紅綠燈，由於綠燈已經轉為黃燈了，我於是又把車子停了下來。

女兒又發問道：「爸爸！爸爸！你為什麼把車子停下來。」

我回答道：「因為快要紅燈了呀！」

女兒不解地問道：「可是你怎麼知道快要紅燈了呢？」

我回答道：「因為現在黃燈，等一下就會紅燈呦！妳看！妳看！現在已經變成紅燈了。」

女兒覺得好奇的問道：「可是我怎麼沒有看到黃燈呀！」

我於是指著紅綠燈道：「妳看那紅燈與綠燈中間的就是黃燈。」

女兒仍然不解的說道：「可是那是橘燈呀！」

我耐著性子說：「不是！那叫做黃燈！」

女兒指著種在路旁的菊花說道：「那是橘燈，橘燈才對，路邊那朵花才是黃色的，那燈是橘色的。」

我當場楞住了，沒有錯，的確是她對。我們都說紅綠燈有紅、黃、綠三種顏色。事實上，馬路上的紅綠燈裡的黃燈，都是橘色，鮮少有純黃色的。只有像女兒這般還沒被污染的心靈，才能說出正確的顏色。而我們大

人卻早已習慣這種制式的思考模式，直覺中間的燈一定是黃色的，或許我們大人覺得黃燈變橘色一點，也沒有多大關係。可是當初之所以會用黃色當警告色，也有它學理上的理由，不是嗎？而我們卻任由工程包商們的腐化，使得我們的全台灣紅綠燈，都變成現在中間是橘色的了。以後我們真的要說紅綠燈中間的燈是橘色才對，而不是黃色的。

× × ×

非洲有一種鳥名字取的很奇怪，叫做「魚狗」這種鳥會潛水到水中捕食水中的魚。可是，會捕食魚的鳥多的是，它卻偏偏被人稱之為魚狗，事實上，它跟狗一點關係也沒有。

有一天，姊姊回娘家，帶著她的小孩，也就是我的外甥。這個外甥從小就很聰明，才讀幼稚園而已，可是什麼事情都已經知道。後來讀小學才知道是一個資優兒。他們回娘家後，沒什麼事情可玩，就和鄰居的大姊姊們一起在玩牌。他們不但玩牌，而且還開著電視機看，這時候的電視，突然提及了一下「魚狗」這種鳥類。由於只是稍微提一下而已，所以，並沒

有它的畫面出現。

外甥邊玩邊問起他媽媽說：「媽！為什麼魚狗要吃魚呀！」

他媽媽回答道：「因為它就是靠捕魚維生呀！」

外甥又問說：「狗不是都很怕水嗎？它怎麼都不會怕呢？」外甥以狗會怕水、魚在水裡這兩個邏輯在思考著。

他媽媽回答道：「喔！你搞錯了！魚狗不是狗，它是一種鳥。」

外甥直覺的叫了起來：「怎麼會鳥叫做狗呢？應該是狗才對啦！」

旁邊一起玩牌的大姊姊，忍不住說道：「魚狗本來就是鳥呀！」

外甥大聲駁回大姊姊的說法：「鳥才是鳥，魚狗是狗啦！它是狗才對啦！」

大姊姊覺得有點丈二金剛摸不著頭，回答道：「魚狗它是鳥呀！它不是狗啦。」

外甥更大聲的嚷著：「魚狗是狗啦！不是鳥啦！」在他的腦袋裡，不允許荒謬的事情發生。怎麼可能把狗當作是鳥呢？

可是大姊姊仍然堅持魚狗是鳥，一點也不退讓，把他氣得半死。

外甥他更大聲的咆哮著：「魚狗是狗，魚狗是狗啦！」

他母親看兒子實在很堅持自己的意見，一點也不退讓，眼看就要跟別人吵起來了。於是道：

「對啦！魚狗是狗，不是鳥。」使個眼色，讓大姊姊不要說話。

大姊姊滿肚子委屈，最後忍不住還是嘟囔的一句

「魚狗本來就是鳥嘛！」

外甥見得大姊姊講話小聲了，自己擺出了一付勝利者的姿態出來。

「魚狗是狗，才對啦！」

× × ×

股市在低檔盤整的時候，若有高層的人開始大聲疾呼，說景氣就要來臨了，說了一千遍之後，相信的人就會愈來愈多。大家被說服投資之後，相繼有人相呼應，資金不斷湧入股市，或許，景氣真的被他「說」起來也不一定，這在股市裡是常見的事情。

所以，我才會說投資不在於發現真理，因為那是科學家和宗教家的事情。投資的精神在於能跟隨真理，但是，跟隨的真理是比較特殊一些，因為它的內涵是：「能賺到錢就是真理。」

投資只有一個目的，就是將本求利，賺更多的錢。唯有在這樣的一個大纛之下，我們才能以嚴格的眼光，挑選出對投資有利的事情來。

所以，積非成是對投資而言，並不一定就是不好的事情。紅綠燈的黃燈變成橘燈也沒有關係，魚狗從鳥變成狗也沒有什麼關係，股票的股價被炒熱起來也沒有什麼關係，只要投資有利可圖就好了，這些人世間的是是非非，就交給上帝去評斷吧！以前有皇帝指鹿為馬，大臣就紛紛說那鹿的確是馬，皇帝面子保住了，大臣的烏紗帽也保住了，大家皆大歡喜，何必和現實過不去呢？

「賺錢」才是投資者在乎的大事。苟能賺錢，雖千錯萬錯吾往矣！投資朋友您懂得我說的意思嗎？

3、籠子捉鳥

投資必須因地、因時、因事而變化，太過於粗心大意或者太過於精打細算，都很容易讓利益從眼前溜走。

× × ×

在北美洲的洪荒時期，白人尚未入侵，當地只有原住的印地安人，除了部落之間偶而會有些小磨擦之外，其他時間大部分人倒也相安無事，可說是和平世界。當時原野上只有成群的野生動物，如美洲野牛、美洲虎、鱒魚、灰熊等，大自然本身就是取之不盡的寶藏。再加上印地安人與自然和諧相處的天性，千百年來，北美洲就一直維持著未開發的狀態。

印地安老人瑪卡，由於體力已經跟不上族裡的男人，所以，無法跟著大夥兒去大草原上獵野牛，不過自己也會做個弓箭，三、五天就去打個雉雞、野火雞、野兔之類的小動物，生活倒也過得安然自在。

不過，瑪卡二天前在一次狩獵當中，自己不小心扭傷了腳踝，以至無法像常人一樣走路，他必須拄著枴杖，一跛一跛的走著。

瑪卡心裡正煩惱著：「這樣的走法，別說是雉雞，大概連捉隻小鱒魚都沒辦法。」

同族人妹雅，走了過來，她可是族中編織的好手。

她看到瑪卡便道：「瑪卡，您怎麼坐在這裡，沒去打獵呢？」

瑪卡回答道：「妹雅，妳沒看到我的腳扭傷了嗎？巫師說，起碼要十天才會好，我正在為此煩惱呢！」

妹雅慷慨地說：「那也沒關係！我丈夫上次獵的野牛還剩下很多，待會兒我去拿一些過來給您。」

瑪卡道：「那怎麼可以呢？」

此時，瑪卡看到妹雅手上拿著一件尚未織完的衣服，靈機一動。

瑪卡道：「妹雅！妳最擅長織布了，不知道妳會不會編籠子。」

妹雅回答道：「您是說籠子呀！我想應該會吧！」

瑪卡高興地說：「那太好了！妳只要幫我編個籠子，野牛肉就不必拿給我了。」

妹雅滿臉疑惑，看瑪卡的腳腫的蠻大，不像是可以用籠子去捉住動物的樣子。他要籠子做什麼呢？不過，她還是很熱心地答應瑪卡，妹雅於是回去很快的編了一個籠子，把籠子編成瑪卡所想要的樣子。

妹雅拿給瑪卡道：「瑪卡，這是您要的籠子！真的，不用拿野牛肉過來？」

瑪卡道：「當然嘍！只要有這個東西，我就不會餓著，到時候我還可以分一些獵物給妳。」

妹雅不可置信地張大眼睛道：「真的嗎？」

瑪卡只微微一笑，一跛一跛地走進了自己的帳棚中，拿了一些東西，又走了出來。對著妹雅道：

「好了，我要去打獵了，妳在部落裡，等我的好消息吧！」

瑪卡腰間綁了一袋鼓鼓的東西，手上拿著一條繩子，拎起了籠子，就

一跛一跛地走向大草原。

妹雅從他的背影看過去，差點要笑出來。

妹雅心裡想著：「這樣的步伐若能捕到獵物，太陽都會冒兩個出來，嘻嘻！我看還是去切些牛肉等他回來拿吧！」

瑪卡獨自一人走到大草原，找了一棵大樹旁，把籠子擺在草原中間，隨手拾起了一段木頭，用繩子綁在它中間，再用它把籠子撐起一邊來，於是他完成了印地安人中第一位用籠子捉雉雞的計劃，他又把腰間鼓鼓的袋子打開，原來是一包乾玉米，抓了一把撒在籠子下面，又抓了一把散撒在籠子四周，佈置完畢後，他回到大樹下，手握著繩子躲了起來。

原本在草原上的雉雞，看到有人過來，紛紛走避。後來又見到那個人走開，留下一堆東西，其中有一樣是他們最喜歡的玉米，在衡量那個人的行動力之後，就有一些大膽的雉雞，開始飛下來啄食地上的玉米粒。

一隻、二隻、三隻……雉雞一隻隻都飛下來爭食地上的玉米粒，雉雞們愈吃愈凶，有些大膽的雉雞，開始走進了籠子裡面，去吃那更豐盛的玉

米粒，一隻、二隻、三隻……沒一下工夫，雉雞全部擠進了籠子裡面，一共有八隻雉雞，都在低著頭啄食地上的玉米粒。這時候的瑪卡，看著即將到手的雉雞，心裡興奮地吶喊著。

「我以前一天也沒捕過那麼多的雉雞，今日我只用一只籠子，就可以捕捉到那麼多隻雉雞。」手心因此興奮而直冒汗。

正當瑪卡要拉動手中的繩子時，卻發現空中又飛來四隻雉雞，停留在籠子外面踱步，也在找尋地上的玉米粒。

瑪卡心裡更高興想：「太好了！再等一會兒吧，那四隻雉雞一定也會跑進去籠子裡面。」

看到多了四隻雉雞在外面踱步，不由得又放鬆了手上的繩子，但是，就這麼一會兒功夫，籠子外面的雉雞不但沒有走進籠子裡面去，籠子裡面的雉雞，反而走出來二隻。

此時，瑪卡心裡有些懊惱：「糟糕！怎麼從籠子裡面跑出來二隻雉雞呢？現在只剩下六隻了耶！」手中的繩子更捨不得拉下來。

心裡於是決定：「再等一會兒！外面的六隻雉雞若走進去三隻，我就拉繩子。」

可是就在瑪卡想事情的時候，籠子裡面的雉雞不但沒有增加，反而又走出來了三隻，現在只剩下一隻雉雞在籠子裡面。瑪卡又發現籠子裡面已經沒有玉米粒了，剩下的最後一隻雉雞，眼看也要踱步出籠子，瑪卡毫不猶豫地就拉下手中的繩子。

「蓬！」的一聲，籠子蓋了下來，把一隻雉雞困在籠子裡面，周遭的雉雞被突然聲響驚嚇之後，都迅速地飛走了，只留下一隻雉雞被困在籠子裡面。

瑪卡一點也不興奮，捶胸頓足地道：「唉！真可惜，本來可以一次捉到八隻雉雞的，現在卻只剩下一隻而已。」

於是瑪卡從樹下走了出來，一跛一跛地走到籠子旁邊，把雉雞捉了起來，再用草把雉雞的腳和翅膀綑綁起來。之後，摸摸自己腰間的袋子。

瑪卡心裡想：「還只剩下半袋玉米！下次要把握機會。」

瑪卡拎起了籠子，收好繩子，抓著雉雞，又去尋找其他的地點，因為他知道雉雞天性機警，只要被驚嚇過一次，就可能終生都不會再做同樣的事情。

於是瑪卡往更深處的草原走去，走著、走著，走了將近半哩的路，把他的跛腿走的疼得要命，終於又看到一棵老橡樹，瑪卡又開始故技重施，籠子、繩子都擺好，乾玉米粒這次全撒在地上，佈置完畢後，自己躲到大橡樹後面。

不一會兒功夫，一隻、兩隻雉雞開始飛下來啄食地上的玉米粒，其中一隻雉雞還高聲鳴叫了起來，周圍的雉雞受到激勵，紛紛飛下來爭食玉米粒，這樣的情形看在瑪卡的眼裡，真是高興莫名。五隻、六隻、七隻……共有十幾隻雉雞擠進了籠子裡面去爭食籠子裡面的玉米粒，籠外還有七、八隻雉雞也爭著要擠進去。雉雞這種「搶著被捉」的狀況，瑪卡長眼睛以來還是第一次見到，真是無比地興奮。

瑪卡心裡頭自己告訴自己：「這次不要再貪心了！」

於是瑪卡輕輕地拉動手中的繩子，繩子開始綳緊，籠子裡的雉雞仍然不停的啄食玉米粒，瑪卡手中的繩子已經完全綳緊了，就當瑪卡正要用力拉扯繩子的時候，突然聽到一連串雉雞的尖叫聲。

「嘎！嘎！……」

淒厲的叫聲劃破了長空，瑪卡循聲一看，原來是剛才捉到的雉雞，一隻翅膀掙脫了繩子，在大聲的尖叫並用力鼓動它唯一可以拍動的翅膀。就在這一瞬間，所有的雉雞都聽到了叫聲，也全都機警地飛向天空，瑪卡也立刻拉下手中的繩子，但是慢了一步，撲了個空，籠子裡面空空如也，一隻雉雞也沒捉到。

瑪卡這時頹然地坐下來。自言自語道：「我今天怎麼這麼倒楣呀！」

可是倒楣的事情還不只如此，就在這時候，原來被綁著的雉雞，終於掙脫了草繩，瑪卡見狀也顧不得腳的疼痛，跳撲了過去，雉雞正好鼓起了翅膀飛了起來，瑪卡只拉到雉雞尾部的一根羽毛。雉雞還是飛走了，而雉雞在驚慌中還拉了一陀雞糞，正好掉在瑪卡的手背上。

天色漸漸暗了下來，族裡的婦女紛紛出炊起了晚餐的煙火，妹雅從煙霧當中，看到了瑪卡一跛一跛地從老遠地方走回來，他的腳傷彷彿更加嚴重，手裡頭一件東西也沒拿著。

妹雅見狀，打趣地大聲說道：「瑪卡！有沒有捉到雉雞呀！」

瑪卡並不回答，只有靜靜地跛著腳，走到妹雅的身旁，把手上拿著的一根羽毛遞給妹雅。

「妹雅，這個送給妳！」

妹雅笑容可掬的接受了這個漂亮的羽毛，立刻把它綁在自己頭髮的辮子上。

妹雅真心的笑道：「真是好看！謝謝你，瑪卡。我已經把一大片野牛肉送到您的帳棚裡去了。」

瑪卡苦笑了一下，說道：「我明天一定帶十隻雉雞給妳！」

妹雅指了指瑪卡的手，笑成一團地說：「呵！呵！呵！那還真的要謝謝您，不過您還是先把手上的雞屎洗掉吧！」

×　×　×

投資的觀念無時不存在你我周遭，就是遠在蠻荒的地方也會用得到，印地安老人瑪卡想到用籠子捕捉雉雞，並且實際去執行，這就是他找到了一條很好的投資管道。

只是他第一次太貪心，籠子裡面有八隻雉雞時，他不趕緊拉繩子，反而期望籠外的四隻雉雞也要一起進去。而等到籠子裡只剩下一隻雉雞時，才驚覺到情況不對，拉下繩子時也只能捕捉到一隻雉雞而已。

正確的投資法應該是，八隻雉雞已進籠子中，後來籠外又飛來四隻雉雞，這時候不要急著拉繩子，因為說不定，籠外的四隻雉雞也會走進籠子裡面。但是，等到籠子有二隻雉雞走出來的時候，卻要果敢地拉下繩子，獲利六隻雉雞。這也就是投資不設停利，卻要設停損的真意。

而印地安老人瑪卡，得到一隻雉雞後就換地方捕捉，而不是在原來地方重新設陷阱，正符合投資的精神。因為熱門過的東西，只會留下一堆套牢的投資人，而不會有新的商機出現，就算是還有機會，也會被想解套的

投資人，把價位打的七暈八素，所以，守株待兔是最笨的投資方法，印地安老人瑪卡在這時候的判斷上做的很正確。

而老人瑪卡覺悟到貪心的害處，能在第二次捕捉雉雞時，見好就收，可見他仍有一顆靈活的應變心。可是當他第二次想要拉下繩子捉雉雞，卻被第一次捉到的雉雞給壞了好事，這是他始料未及的事。這在投資裡面也常常見到，我認識一位朋友，他是長期投資的人，由於資金不是很充裕，所以他必須向銀行貸款，但是，當行情不佳時，投資是無法獲利的。可是銀行的利息又必須每月繳納，這時候的他，只有每月賣些持股償還利息。等到股價真正可以獲利時，他賣出股票卻未必能獲得利潤，因為他已經賣出了部分持股，他一樣被壞了好事！如同老人瑪卡沒安頓好雉雞，卻被它壞了好事一樣。

投資如同打仗，除了要靈活果決之外，還必須把裝備準備齊全，這樣才能運籌于帷幄之中，長驅於敵軍陣營之內。裝備不齊全的雜牌軍，自然無法打勝仗。

4、誰是財神爺

工商社會，人浮於事。不像從前，有份土地可以耕作，就可以養活一家人。台灣現在社會大部分的農事都委任於少數人的手中，而且機械化大量耕作，大部分的人力都投注於工業、商業、服務業的競爭活動中。有的人自己能力雖好，卻因為公司營運不佳而成為失業族，也有人自己能力不佳，卻委身在獲利極佳的公司，進而分得大紅利，享受公司的成果，成為小富翁。

所以，現代的人更需要敬畏財神爺，從前財神爺是張紙畫的肖像，每月初一、十五供奉鮮花牲果祭拜，以求財神爺光臨。現在台灣的商家初二、十六在門口供奉鮮花牲果祭拜土地公，因為土地公管財，所以，也等於是祭拜財神爺，土地公在台灣就是財神爺。可是一次一、二千元的供奉，每月兩次，一個月也要三千塊錢的開銷，而且似乎只有去沒有回。哪天公

司現金週轉不靈，要向財神爺借個一、二萬元的現金週轉，門口祭拜的財神爺可不會理你。

既然如此，那麼，門口拜的財神爺似乎不怎麼靈！人家說：「神靈、神靈」。既然要當神，當然要靈才行。所以，我們對財神爺的定義也應該要重新認定才對。否則，只會拜些有去無回的假財神爺，對我們的幫助不大，應該認真拜些真的財神爺，我們的財路才會真的亨通。

哪些才是真的財神爺呢？其實認定很簡單！只要對自己財庫進帳有幫助的人，就是我們的財神爺。

譬如，我們在一家公司上班，老闆、直屬長官就是我們的財神爺，老闆讓我們口袋進帳，所以，他是我們的財神爺，我們對老闆也應該像對財神爺一樣的恭敬，而不是背裡頭暗說些老闆的不是，如果老闆真的不是，就應該真的跟他講，講了不聽，那他就不是你的財神爺了，應該另謀高就去，而不是留在那裡批評老闆的不是，他一日當你老闆，他一日就是你的財神爺，不可一日對財神爺無禮。他若已經不是你老闆了，你愛怎麼批評

就怎麼批評，隨你高興。

而業務單位的財神爺又是誰呢？老闆嗎？直屬長官嗎？不是！老闆、直屬長官這時都只是你的合作夥伴罷了，他不是你的財神爺，這時候得看誰會讓你的荷包變大。

賣車的業務員多賣幾輛車給客戶，自己的荷包就會變得大些。這時候對老闆和顏悅色，甚至逢迎拍馬屁，並不會讓自己荷包變大，甚至還會讓自己荷包縮水，此時客戶才是你的財神爺。這時候就應該服侍好自己真正的財神爺，財神爺一高興，財源就源源不斷進來了。

業務員變成是老闆的財神爺，只要把自己的業務員服侍的好，他們合理的要求都能滿足，這也等於滿足財神爺的要求了，老闆的財源自然也就源源不斷了。

可是當缺貨時，上游的供應商又變成是老闆的財神爺了，而此時的老闆又變成業務人的財神爺。所以，工商社會的財神爺好像會隨時改變身份一樣，角色不斷地改變，並不會一成不變。像筆者寫書要出版，如果沒找

到出版社，出版社的發行人就是筆者的財神爺，筆者必須對出版社的發行人畢恭畢敬的，請求發行人幫筆者出書。而當發行人同意出書之後，此時的財神爺又變身成為讀者，筆者必須要耍弄十八般武器，逗得讀者真心喜歡，讀者只要一喜歡，書就大賣啦！那筆者和出版社老闆就可以從中賺點錢，這時候筆者和出版社老闆又變成夥計關係。

不要只看了前半段，從事業務的讀者就認為老闆是靠自己賺錢，就對老闆吹鬍子瞪眼睛。等到哪天財神爺身份調換的時候，可就得小心自己被財神爺屏除在門外！

本篇的最大目的是要讓讀者了解，既然身處拜金社會，就應該「真正的拜金」，而不是淨做些不是拜金的行為，卻認為自己在拜金，淨做些牛頭不對馬嘴的蠢事。

頂禮敬佛，不可用葷，拜阿拉不可用豬肉，拜義民要用大公豬，要拜對了財神，才會有保佑喔！

5、賣夢的人

知道全世界什麼東西最貴嗎?既不是摩天大樓,也不是梵谷的名畫。正確的答案是「夢」。夢最貴。

有人為了自己的夢想,傾家蕩產義無反顧,有人為了自己的夢想,甚至可以犧牲千萬人的性命而在所不惜。所以說「夢」最貴。

夢想既看不到又摸不著,全憑口頭抽象的描繪,它可以毫無價值,也可以貴上千金。全憑描繪者給它的定義和描繪者的功力高低,進而影響它的價值高低和貴賤。

× × ×

「秦太太,您好!我是鄭小姐,我聽劉太太說,最近您想買個保險!我是否可到您府上跟您聊聊天呀!」安妮打了個電話給一位住在台北的秦太太。

「鄭小姐！妳是從事保險業務的吧？」電話那頭傳來秦太太的聲音。

安妮說道：「對呀！我是安×人壽的業務經理，既然您有意思投保，不妨讓我到您家去，跟您聊聊保險吧！」

秦太太說：「也好！反正劉太太也是我的好朋友！既然是她介紹的，大概不會差到哪裡去才對！」

安妮說道：「嗯！我從事保險業務已經快八年了，我從不強迫客戶買保險，都是他們自己覺得需要之後，我才幫他們設計保單的，跟我認識包準沒壞事。」

秦太太說：「既然這樣！明天早上妳若有空，就到我家坐坐吧！聽聽你們專家的意見，也沒什麼壞處。」

安妮說道：「沒問題，明天早上十點如何？我準時到達。」

「好的！」

雙方講完電話，安妮心中雀躍不已，憑她的業務經驗，她知道秦太太八、九不離十會買保險，再來就只是金額大小的問題，安妮於是當天就設計了金額大、中、小三種保單，到時候再看情形拿出來使用。

×　×　×

「叮咚！叮咚！」

隔日九點五十五分，安妮站在一棟位於台北信義路三段路旁的大廈門口，按了門口的對講機。

「誰呀！」對講機裡傳來一句話。

「是我，鄭安妮。」

「喔！請進！」

大門應聲而開，安妮走了進去大樓的大廳，向保全人員登記了名字，然後才能按電梯通往秦太太的家裡。

樓層到了，電梯門一打開了，安妮看到一層樓裡只住著一戶人家，大樓氣派卓實非凡。

「請進！請進！」

秦太太已經站在門口，招呼著安妮。

「打擾了！」安妮看到秦太太急忙著說。

秦太太招呼她進去房子，安妮迅速走進秦家，初入眼簾的是一間明亮的客廳，窗明几淨，昂貴的擺設，一看就知道是個高收入的家庭。

「請坐！」

秦太太招呼著安妮，兩人坐在客廳的沙發上，秦家的菲傭馬上為兩位端上了兩杯果汁，是剛剛榨的新鮮柳橙汁。

秦太太道：「妳真準時，不棄嫌就一起喝杯果汁吧，我早上都是運動完先喝杯果汁的。」

「您家真漂亮！」

安妮環顧了四周後，衷心地讚美。

秦太太說道：「哪有！隨便裝潢一下而已。」

秦太太端起了果汁，坐在沙發上，背靠了下去。整個人中有半個身子都被沙發給包著。

安妮看一眼，就知道這是一組質料極好的進口沙發。

安妮心裡想著：「這次要發了！」

安妮也端起了果汁喝了一口，這才仔細端詳眼前的這位秦太太，看上去四十多歲的人，身材卻好的不得了，猶如二十八、九歲，女性最曼妙時期的身材；她的身材，連是女性的自己，看了也砰然心動。相較於自己的身材，就有點過於臃腫了，不禁產生了一丁點自卑。

安妮道：「秦太太，您的身材真標緻，真是令人羨慕。」

秦太太頗為自信地道：「喔！今天隨便穿，還是被妳看出來了。」又道：「老嘍！五十幾歲的人，身材好有什麼用。」

安妮聽到這話，差點把口中的果汁噴出來。

「什麼！您說您已經五十幾歲了？」

「對呀！」秦太太臉上充滿得意的眼神。

安妮說道：「真是看不出來，我有您一半會保養就不錯了！我四十歲不到，看起來卻和您差不多歲數。」

秦太太打從心窩裡高興的笑說：「呵！呵！呵！別這麼說，妳天天忙

碌，當然比較少保養身材。」

安妮微微一笑，照她看來，秦太太家境一定是富裕，安妮於是打定主意，要將皮包中最貴的保單，賣給秦太太。

而且安妮也知道，若與客戶見面，只談業務是最差勁業務員。她一向都先和客戶建立感情之後，再跟客戶談及保單。都是等客戶對她信任度夠了，時機成熟時再大力促銷一下，客戶大筆一揮簽個名，就了事了。

所以，兩人就在安妮的精心設計之下，天南地北的聊了起來，安妮在聊天當中，也知道了她想知道的業務內容。簡單地說，安妮把一份保單必須詢問的細節，轉化成一場有趣的聊天。

安妮問道：「照您說來，您先生一年大概有七、八百萬的收入嘍！難怪您這麼有時間，可以時常去保養身材。」

秦太太頗為自傲說道：「我的確蠻注意我的身材的，碰到的人，十之八、九看不出我的實際年齡，包括妳在內。嘻！嘻！」

「那麼，照您家的條件，您們家是不需要買保險的。」安妮把話切入

正題。

秦太太聽了有點訝異道：「咦！怎麼說呢？」心裡想：「賣保險的，還有勸人不要買保險？」

「我想秦先生起碼已經賺了幾千萬起來了吧！」安妮說完看了秦太太一眼。

秦太太點點頭。

安妮又看了秦太太一眼道：「萬一真有個意外，其實你們也已經沒有後顧之憂了，對不對？」

秦太太還在猶豫該不該點頭。

安妮於是又道：「台灣像您們這麼憂裕的家庭，其實真的不多，幾乎每個家庭都必須努力為生活而奔波。保險是為那些人設計的，而不是為您們設計的。」

秦太太認真的點點頭道：「說的有理。」

安妮又說道：「但是聰明的您們，更可以利用保險，為自己做理財規

劃喔！」

秦太太很好奇地問道：「怎麼規劃呢？」

安妮回答道：「像您們這樣的家庭，應該注意財產的安全轉移，而不是在於獲得更多。保險制度裡面有個好處，就是它不用課稅，也就是說您們家以後留給小孩的保險收入，是不會納入遺產稅當中的。」

安妮喝了一口果汁，壓抑心裡的喜悅。

又道：「像您家庭的收入，每年一定是被課了四十％的稅金吧！而遺產稅裡最高的級數是六十％，也等於是說，您們辛辛苦苦一輩子賺的錢，想要留給孩子，卻被東扣西扣之後，全都交給政府！所以，您們要趁早買個保險，利用保險來移轉財產，就是最好的理財規劃。」

「言之有理！」秦太太想到每年被課了四十％的稅，恨的牙癢癢。

安妮於是趁機說道：「那我建議您們一年買個二百萬元的保單，好來避稅。」順手從皮包當中抽出了她設計最貴的保單，交給秦太太。

秦太太猶豫了一下，還是接下了保單，卻沒有打開來看。

秦太太向安妮說道：「這麼大的金額，恐怕得和我先生商量、商量才行耶！」

安妮道：「當然!當然!您跟秦先生提個頭，我再向他報告好了。」

兩人於是決定把這項重大的投資，讓秦先生了解以後，再來進行。兩人又開始話家常，秦太太愈來愈喜歡安妮，覺得這個女人很是窩心，兩人就在談話中，結束了安妮的訪問。

「安妮，慢走!」秦太太送安妮出門，安妮穿好自己的鞋子，像秦太太鞠了個四十五度的躬，秦太太點點頭回應。兩人邊聊邊等電梯的到來。

安妮見到電梯燈亮起，於是說道：「電梯來了，我先走了。」

安妮走進電梯，回身按了一樓的鍵，再度向秦太太點頭致意。

「再見!」

「再見!」

電梯門緩緩關上，安妮從門縫中，看到秦太太那婀娜多姿的身材，不免又羨慕起來。電梯門關上以後，電梯中的鏡子，照出自己略顯豐滿的小

腹，讓安妮真的有些無地自容。

安妮步出大樓後心裡想著：「真該好好鍛鍊、鍛鍊自己的身材了。」

後來的幾天當中，安妮周旋在秦太太與秦先生當中，最後，終於在自己的努力之下，秦家投保了一年二百萬元的保單，安妮作了一個大case之後，更是有事沒事就往秦家跑，更因此結交了更多的高收入家庭，做了更多她口中所說的「理財規劃」。

× × ×

這一天，安妮沒事又往秦家跑，去泡茶聊天。

秦太太終於忍不住向安妮說道：「安妮，我看妳真的該修飾、修飾自己的身材了。」

安妮認同地說道：「嗯！每次倒您家坐坐，看到您曼妙的身材，自己都要自卑好幾天，也真該要減肥了。」

秦太太說道：「那再好不過了，妳今天就跟我到我常去的那家『塑身中心』好了，那裡有專業的美容師，說實話，我的身材就是從那裡雕塑出來的，光靠保養那有辦法辦得到呀！」

安妮一聽讓自己覺得興趣大增，心裡躍躍欲試。

於是道：「好呀！」

兩人的感情已經好到像姊妹一樣，倆人說做就做，說完就起身往秦太太說的那家「塑身中心」去。

不過安妮心裡仍然猶豫地想：「這次恐怕得要花上不少的錢吧！」

又看看坐在旁邊的秦太太。

安妮不免心裡認真地問自己：「我的身材，真的可以像秦太太那樣火辣嗎？」

自己心裡起了個大問號！

× × ×

安妮與秦太太二人在上述當中，都在不自覺中，扮演了賣夢者和買夢者的角色，賣夢者知道買夢的人，想要買什麼夢。於是就設計了一個適合的夢，然後賣給他們。而買夢的人，其實是用錢買一個自己的「夢」，花

錢只是為了讓更多的人認同他的夢，並且真心希望，有朝一日夢想能夠實現。秦太太與秦先生希望他們的錢，能夠毫無損傷的轉移到他們孩子的手上，這是他們的夢想。而安妮則希望自己能夠再度擁有魔鬼般的身材，這也是她的夢，於是有心人設計了他們想要的夢，並且用高價賣給他們，他們為了自己的夢，也甘之如飴的付出金錢給別人。

所以，在這個社會上，想要變成富有其實很簡單，只要您能設計一個夢，讓別人花錢向你買就行了。千萬不要以為夢是很難賣，只要設計的夠炫、夠精采，半夜都有人要排隊向你購買。

如果有人希望他的孩子外語能力好，他就會送小孩到no Chinese的美語幼稚園去。如果有人希望他的人際關係變的好，他就會參加社會上許多的激勵課程。如果有人希望他的身體變的健康，他就會花數千元買一瓶用雞飼料製成的健康食品來吃。如果有人希望他的心靈得到寄託、來生變的更好，他就會花二十萬元買一個木頭刻的蓮花座，或者捐個價值二十億元的土地給寺廟，然後還要跪下來請求師父接受。

所以，是先有人想買夢，才有可能會有人能製造夢出來賣。

社會上充斥著無限多的賣夢人，更充斥著無限多要買夢的人。想要用錢來投資自己夢想的人多的是。買夢的結果，如果不竟理想，他也不會怪罪於賣夢的人，他只會怪自己投資這個夢時，不夠堅持，或者花的錢不夠多。

所以，如果您想生活富裕，就不妨設計一下「夢想」轉賣出去吧。但是，當您變得富有時，也會有人拿夢賣給您喲。到時候別太在意，因為人類是買夢的動物嘛！

6、投資不是理財

我們打開電視或者收音機，常會聽到以下的廣告話術：「我們有專業的團隊，可以幫您作最有效的財務管理。我們有會計師、財物規劃人員，可以為您作出最好的投資理財，想要輕鬆致富嗎？請撥以下電話與我們連絡……。」

常見吧！基金公司不都是這樣在推銷他們團隊嗎？其實大謬矣。大家都以為會理財就會投資，把理財與投資混為一談。光是這一點觀念上的小錯誤，就足以讓投資人荷包大為失血，因為投資不是在理財。

小時候，姊姊時常鼓勵我讀書，每次我用零用錢買課外書回來看，她見到都會稱讚說：「你買書花了多少錢？我投資你一半書錢。」身為弟弟的我，每次也大大方方的接受她的投資。她自然知道她的投資是有去沒有回的！可是，在我的童年裡，她的投資卻建立了我一生最寶貴的資產，她

鼓勵了我「讀書」。

我們可以說她的投資是理財嗎？當然不行。任何聰明人都知道，這錢一定是肉包子打狗，有去無回。哪裡有理財是有去無回的。但是，聰明的人也都知道，能以小錢鼓勵一個小孩養成讀書的習慣，比給他萬貫家財還要珍貴，這種投資實在太划算了。不是嗎？與書為友，可以不斷地充實自己，可以相伴一生，人生時時刻刻不會覺得空虛。

理財就是理財，投資就是投資，兩者並不相同，不可混為一談。通常人們都把兩者的關係搞混了。所以，投資才不容易成功。

大體而言，理財需要精心的規劃與理智的判斷。把錢放到銀行裡存定存或買債券，就是一種理財。把錢拿去買儲蓄型保險，也可以算作是一種理財。因為這些方式，都可以精算其獲利結果，這才符合理財其中的「理」字要求，「理財」才可發揮其作用。

但投資不是如此，投資是一種自我眼光的實現，它必須要冒險。風險有大有小，一定的風險是存在的，有時候是可理解的風險，有時候卻是不

可以理解的風險。投資者面對問題必須要當機立斷，錯失處理良機往往就會遺憾萬年。

例如，台灣經營之神「王永慶」當初在麥寮填海造鎮建造「六輕」時，得一一克服資金、土地、鹽份、風沙等種種外在困難，之後「六輕」才能在這種環境下誕生，這就是一種投資，這可不是理財可以相比擬的。它的失敗風險非常大！一個不小心就會全盤皆沒，投入的金錢就會化為烏有。可是一旦成功之後，就有極大獲利空間與長久的發展，這才是投資與理財真正不同之處，有冒險的投資才有利潤的空間。

兩者之間其實大不相同，而之所以常常會被合在一起使用，乃是因為投資大部分牽扯到錢的運作，一般聽到錢就會想到理財，進而把投資與理財合併使用，造成錯誤的印象，以為投資也必須很有理性。若追根究底，投資更像是一種藝術，不但每次的標的物不同，切入點的時間也不同，同樣的手法，不同的人，產生的結果也會有相當大的差異。

例如，有些流行性的商品，晚一點才介入投資的話，市場早已經飽和

了，哪裡還會有利潤呀！如果等到市場正在流行之後才介入的話，能不賠本就算是不錯了，哪能還有利潤。

又如，我們無法請一位畫家用理性去作畫一樣，畫家必須融入自己的感覺，畫才會生動，如果沒有融入感覺，就只能算是單純的copy或者像是拍張照留念罷了。

所以，才會說投資像是在冒險、像在尋訪新大陸，途中充滿了危險與驚喜，我們信任自己，投資自己的眼光，以期獲得廣大的利潤，至於那些計算得到的利潤，就只能叫做理財。投資的效益，一定是無法完全估算清楚的，到底有多少利潤在等著我們呢？

這樣才是投資的本質。投資之於探險家，如同理財之於銀行家一般。所以，下一次我們再遇到一些投資理財的廣告，就可以簡單地劃分出來，到底哪些是在作投資規劃；或者哪些只是在作理財。錢雖只有一種，但用法可不只一種而已呦！

7、慣 性

萬物都有慣性，在宇宙中丟一顆石頭，那顆石頭永遠會朝著你給它的方向前進，直到它又被其他的因素干擾。否則縱使經過一千年、一萬年，它還是朝著同樣的方向、同樣速度前進。

其實，又何止實體會如此呢！任何的事與物也都有它的慣性，就像水永遠往低處流，直到它變成水蒸氣飄上天空為止，與同類聚在一起，又變成雨水往地上去了。

人也是如此，本來不熟的事，一回生，二回熟，也就成為習慣了，一旦習慣變成自然，當事人往往就不知不覺，沉迷此道而不知改變，於是變成慣性。例如：學生開始習慣上課之後，會不自覺的習慣上學的道路，甚至自己迷迷糊糊也能走到學校，甚至還有畢業就是失業的說法，若純粹以經濟的角度而言，讀書是花費金錢的事情，畢業就等於是開始終結花費，

進而開始賺錢，應該是件好事。可惜安於慣性的學生，一旦畢業後，反而終日惶恐不安，如同失業一般。多數剛畢業的學生，都會先恐慌一陣子之後，才能慢慢適應社會的生活。

又例如，現在台灣實施周休兩日的工時，似乎讓人覺得正常，可是在這改變之前，最早是周休息一日，甚至在工廠裡一月只能休息兩天，若把現代人的作息再改回去的話，短期之內，相信大家一定會大呼吃不消。

所以，我們可以斷定，習慣養成個性，而個性影響成就。於是我們追根究底就可以認定，一個人會走到山窮水盡的地步，一定是先有不良的習慣，才使得自己生活窮困潦倒，或許是他自己認為自己無法賺更多錢的信念，使自己安於低收入而不敢反抗，可是面對花花世界卻拒絕不了誘惑！於是在這兩個慣性之中游走。

錢賺得少，花錢卻大方，現金不夠沒關係，拿信用卡來刷。信用卡一旦多刷幾次，也成為慣性。刷卡似乎讓自己感覺有錢起來，因為它沒有馬上支付的壓力，感覺不出自己的荷包在縮小，所以也不會有心疼的感覺。

但是，一個月的帳單統計下來之後，看到統計的金額，自己就會有悔不當初的感覺。若是自己付不起，只好遞延付費，遞延付費是要支付一年將近二〇%的利息，於是惡性循環的結果，造成利滾利，使自己愈來愈付不起龐大的費用，於是現在信用卡負債之事就時有所聞了。

這就是銀行看準人性的弱點，不掏錢包就可消費的感覺，近似白吃、白拿，花錢自然大方，消費者不可落入銀行所設計的圈套裡去。

人覺得窮困是件痛苦的事，可是若要人改變習慣，那將更會是痛苦的事，這就是慣性的威力，慣性讓人安於現狀。所以，我們一定要養成好的慣性，一旦養成好的慣性，人便可以往成功的路上走，而且一點也不會覺得難過。

這就是慣性的好處，習慣成自然嘛！只要自然就一切順遂了。

8、一魚兩吃

有些生意，表面上是這樣賺錢的，但是，骨子裡它更有其他的生財之道，端看主持的人會不會變化。

× × ×

老莊在電子業待了有近十年的功夫，自己開了一間零件加工工廠。拜這幾年電子業蓬勃發展之賜，老莊也接了許多的訂單，著實發了一筆財。但是，這幾年電子業開始步入不佳的景氣循環裡，老莊看到許多同業都紛紛裁員，自己不免也膽戰心驚。

「老莊！你還在工廠呀！」老莊公司的電話響起，電話那一頭劈頭的第一句話。

「什麼話！不在這裡，會在哪裡？」老莊一聽就知道是許久不曾聯絡的許董。

「嘻！嘻！嘻！你不知道很多同業要嘛就到大陸去，要嘛就跑路了，所以都不在了嘛！」原來是愛說笑的許董幽默地說。

老莊道：「很久不見！愛開玩笑的個性還是不改，我的工廠這麼小，能跑到哪裡去。就是想裁員，都不知道有誰還可以裁呢！」

許董道：「我前一陣子倒是裁了一些人，沒辦法，誰叫我們接不到訂單呢？」

老莊道：「唉！再這樣下去，該如何是好。你現在怎樣了？」

許董道：「最近倒是有些起色。」

老莊道：「咦！是什麼好消息說來聽聽！」

許董道：「你還記得小張嗎？那個做變壓器的小張呀！」

老莊記起來了，於是說：「就是那個小張嘛！當然記得了，以前景氣好、訂單多的時候，偶而他也會來下一些訂單，不過不多就是了。」

許董道：「他現在可神氣了。」

老莊道：「怎麼說呢？」

許董道：「我現在一個月接他的訂單，都快要六十萬件，幾乎是我工廠的全部工作，好在有他的單子，否則不知道怎麼度日子。」

老莊半信半疑道：「不會吧？記得以前他的工廠規模並不大，怎麼可能會有這麼大的單子，你自己要小心一點喔！」

許董道：「不會啦！他的單子都是用現金票給付的，安全的很。而且聽說他是把這裡的半成品，運到大陸上去完成，因為我們台灣的技術比較高，重要部分都是在這裡完工的。」

老莊道：「有這麼好的事呀！」

許董道：「對呀！我現在反而是欠人手，不跟你多聊了，我還得趕工呢！」

老莊道：「謝謝你，告訴我這個好消息。」

許董道：「不用客氣！誰叫我們是好朋友。真的不能多聊了，拜拜。」

兩人掛上了電話。

老莊心裡想道：「如果小張現在發了！我得趕緊去找他要訂單去。」

於是老莊心動馬上就行動。撥了個電話去老張的公司。

老莊說道：「是鉅響電子嗎？我是老莊，我找張老闆。」

電話東轉西轉終於轉到張老闆的手上。

老莊一聽是小張馬上說道：「張老闆，好久不見，聽說您的訂單最近都下的很大，可不可以也下一些過來？」

張老闆說：「喔！是老莊呀！我正想到你，你就打電話來了，好呀！我正在煩惱太多的訂單，不知道要下到哪裡。你正好打電話來。」

老莊興奮地說道：「那真是敢情好！讓我碰上，你現在有什麼訂單，就快點下過來吧。」

張老闆說道：「好！我先傳真規格過去給你，你先看能不能接得來，這可不能硬來的呦！咱們老交情歸老交情，但是，現在第四代的電子產品要求的品質很高，你做好樣品再帶過來給我們品管部檢查，合格了就下訂單給你。」

老莊興奮道：「好！好！好！那你就把規格傳過來吧！」老莊沒想到

這麼容易就接到訂單，有點喜出望外。

十分鐘後，果然有一份鉅響電子的規格單傳了過來。老莊趕緊拿來一看，冷不防倒抽了一口氣。

老莊心裡想：「乖乖，要是照他的規格，未免也把誤差值定的太小一點了吧！」

老莊趕緊把研發部門的主管找來。

老莊對著研發部主管說道：「小周呀！我剛接了一個訂單，你看有沒有辦法做得出來。」

小周二話不說，拿起了規格表看了下去。

小周說道：「老闆，要做這個倒也容易，可是他們要的誤差值小，變得很精緻，這樣一來就比較難做了。」

老莊說道：「沒錯！剛才我拿到規格表也是這樣覺得，可是鉅響電子那邊說這是第四代電子產品，誤差值一定要這麼小才可以，你想想辦法做一些樣本出來，我後天就要拿到鉅響電子去檢驗，合格的話，我們就可以

接他們的訂單了。」

兩天後，老莊出現在鉅響電子的辦公室裡面。

老莊把手中的樣本放在桌上說：「張老闆，你看我已經照你的規格，做了十個樣本出來，你檢查看看合不合格。」

張老闆和藹地笑道：「好！好！好！沒問題，老莊你請坐。」

張老闆按了桌上的電話鈕，對著電話說。

「請張課長過來！」

沒多久，鉅響電子的張課長過來，拿了桌上那十件樣本退回到品管室去。

張老闆對老莊說：「老莊你難得來新竹，待會兒請您吃飯，品管室很快就會有結果，吃完飯順便就可以帶回去了。」

老莊道：「希望能符合你們的標準！說實在的，最近訂單不多，如果能夠接到鉅響的訂單，就再好不過了。」

兩人也算是舊識了，客套了一下，也就不再說些客套的話。

老莊於是問：「小張，現在景氣不好，大家都在裁員，要不是許董告訴我，我又親眼看見，我還真的不相信你現在公司做的這麼好。」

老莊環顧一下四周，員工不但增加許多，而且每個都異常忙碌。

張老闆道：「託您的福，本來也是不好，後來跟德國一家廠商搭上了線，他們介紹我認識在大陸的台商，後來我們合作非常愉快，他們的訂單也就愈下愈多。」

老莊疑問道：「既然在大陸的台商，那就在當地生產好了，何必繞一圈回來台灣做呢？」

張老闆說道：「這就是我的高竿處嘍！我專門接他們大陸廠，做不來的case，品質要求很高，他們無奈只好訂單下回來台灣嘍。」

老莊說道：「原來是這樣子！」

張老闆說道：「所以，我們的品管很嚴格，你帶來的樣品，都有符合我們要求的規格吧？」

老莊表面上點點頭，不過心裡卻七上八下的，因為研發部的小周為了

做這十個樣品，不知道已經浪費了幾倍的材料，還花了半天的時間。如果這排到生產線上，不知道一天到底能生產多少出來，至於是不是全部都是良品，他也不敢保證。

中午，張老闆果真請老莊到科學園區外，一家剛開張的館子吃飯，兩人再回到辦公室時，老莊帶來的樣本已經在張老闆的桌子上面了，旁邊放著一張檢驗報告。

「檢驗結果出爐了，我們看看吧！」張老闆坐定後仔細地看報告。

老莊也伸長脖子過去看看。

張老闆道：「哎呀！不行！十件樣本完全符合規格的只有四件，良率太低了。」張老闆看完報告後，拿給老莊看。

張老闆又道：「老莊，你自己看看，不是線裁的太短，就是太長，要嘛就是鍍銅的厚度不對。」

老莊看完報告，雖自覺得丟臉，但是仍說：「張老闆，你們的品管抓的真嚴呀！」

張老闆聳聳肩說：「沒辦法！別人對我也是一樣嚴格。第四代的電子產品，誤差都不能太大，沒辦法，機器愈做愈精密了嘛！」

老莊正覺得無望之際，伸手收拾樣本準備離去。

張老闆突然問道：「等等！老莊，你能否告訴我，你們的裁線機和合成基板機器的型號。」

老莊不加思索道：「裁線機是CBE-370型的，而合成基板是LEW-520型的。」

「難怪！這些機器對付第三代還可以，如果用到第四代，就誤差太大了，難怪你們的樣本都不行，我認識那德國的廠商，全世界只有他們的機器能應付第四代的標準，你跟他們聯絡一下，換一換設備就好了，問題就解決了。」

老張熱心地拿出了一張德文名片，背後卻有中文。

老莊心裡想著：「可是這機器會不會很貴呀！」卻不敢講出來。伸手接過張老闆遞過來的名片。

就聽張老闆又說：「沒有錯，我仔細看過這檢驗報告，的確問題就是出在線的長短和基板的厚度，其他都可以了，這樣子吧！老莊你趕快把機器買回來，我每個月都要下一百萬件的訂單，你動作得快一點。」

「嗯！謝謝。」老莊應了一聲。

下午老莊回到自己的工廠，馬上就洽詢那家德國公司，詢問那兩台機器的價錢，換算成台幣之後各是三百萬元和五百萬元。

又把研發部的小周找來。

老莊詢問小周道：「小周，如果我們把裁線機和合成基板機的速度提高四倍，我們一個月可不可以做到一百萬件？」

小周遲疑了一下說：「製程再改一下加上加班，應該可以應付過來。」

老莊揮揮手示意小周出去。

老莊心裡頭盤算著：「根據報來的成本做一件，可以賺四元，一個月就可以賺四百萬元，那我買機器的成本，做兩個月就可以回來了。」

老莊點點頭說道：「好吧！」

於是老莊以最快的速度，從德國購買新機器回來，也很順利的接到鉅響電子的訂單，製程也趕上了進度。一切都進行的非常順利，老莊又恢復他好久不見的笑容。就這樣子第二個月的訂單還提早完成，老莊很高興地打電話給張老闆。

老莊打電話給張老闆說道：「張老闆！託您的福氣，這個月的訂單提早完成了，下個月我預估可以做到一百二十萬件，你就多下一點訂單給我吧！」

「唉！別提了。」張老闆說。

「怎麼了！」老莊覺得不妙。

張老闆說道：「下個月，大陸那邊可能要暫停下單了。」

老莊驚恐地問道：「那我的訂單也沒著落了嗎？」

張老闆道：「嗯！只要一有消息，我再跟您聯絡好了。」說完馬上掛了電話。

× × ×

鉅響電子真的已經接不到大陸那邊的訂單了嗎？我看未必。這就是台灣工廠時常發生的情形，一開始下很多訂單給你，支票也會兌現，利潤也不錯，目的就是要你購買他們的機器，等到開始量產之後，才發現訂單突然不見了，原來下訂單的人，並不只專靠本業賺錢，他們還有一樣事業，就是賣工作母機。等下游廠商買了工作母機之後，他又尋找另一個會買工作母機的下游工廠來下單了，這樣他們就可以一魚兩吃。

這就是投資領域裡，另一個重要的課題：投資工具的使用年限。這也常常發生在我們現在所謂的十倍速時代，明明機器還很好，可是已經不能再從事生產了。因為二吋晶圓片，已經升級到四吋晶圓片，沒多久又升級到八吋晶圓片，可是剛蓋沒多久的六吋晶圓廠怎麼辦呢？問問張忠謀和曹興誠兩位先生吧！

所以，投資時利潤的時效性一定要確實掌握，否則淌個混水，半天都爬不上來，白白耽誤時間。

9、人們傾向懶惰

大哲學家尼采說過：「人們傾向懶惰。」這是他環遊眾國和地區之後所得出的結論。無庸置疑，拿這句話來驗證現代人的生活，絕對是百分之百的正確性。

現在我們使用的任何工具，都具有以上的特色，譬如發明汽車讓我們不用走路，使用E-Mail讓我們不用再寄信，而且方便、快速，餐廳林立讓我們不用自己烹調，甚至烹調本身也是為了我們容易消化。所以，可以說懶惰這意志在人類身上是無所不在的。我們應該正視它的存在，不應該忌諱去談它，甚至害怕別人指稱自己是懶惰，因為我們就是愛懶惰嘛！

人類的文明之所以會進步，其實一部分要歸功於人類有懶惰的天性。在動物界最不具懶惰天性的，大概是螞蟻與蜜蜂了吧。您看螞蟻與蜜蜂終日工作，不斷的向外找尋食物，以滿足族群食物不致匱乏。若單只為自己

食物不致匱乏，根本不用如此辛勤工作。但是，終日辛勤的工作，也沒讓它們提升到人類的境界。可見懶惰在進化中扮演多麼重要的角色，以前如此，以後也是如此。

可是在動物界懶惰的動物也不少，如南美洲的樹懶，或者澳洲的無尾熊。都是天性懶惰的動物，可是也沒見到它們進化有多麼的成功，甚至還有瀕臨絕種的危機。可見人類之所以能進化到生物鏈的最高階，除了懶惰之外，一定還有其他的特質。

若歸根究底會發現那就是「慾望」，人之所以成為人，動物之所以還是動物，差別乃在於慾望罷了，動物所有的慾望不過是食與性而已，而人卻把慾望發揮到極至，上到天文，下到地理，從實在的物品一直到虛無飄渺的名聲，在在都有人在追求。

譬如筆者本身當初接觸新時代的賽斯文件到後來接觸太極拳，當時整個人彷彿著魔一般，就覺得裡面的世界太有趣了，後來，不知花了多少功夫與時間在研究，總是覺得十分過癮，慾望也得到相當程度的滿足，也有

許多藝術家一生追求完美的作品，甚至以身相殉，都不後悔。這就是人類慾望表現不同於動物之處。而也是讓人類進化的最大功臣。

所以，只要我們能巧妙結合「慾望」與「懶惰」的話，就能創造出無線的商機，譬如，網際網路就是結合人們想知的慾望和結合在家就知的便捷，一舉擊敗了傳統的報紙。電視的新聞報導也是結合者前兩者，成為電視節目中，歷久不衰的節目。而想要創造財富並不需要把事情搞到如此巨大才可以，只要善用「慾望」與「懶惰」兩者結合，小至一點點的改善，大致人類整體生活的改變，都能讓自己成為富甲一方的人。而單單指利用其中一項，則無法有效為自己賺進財富。例如，便利商店擊敗了傳統的雜貨店，就是便利商店比傳統雜貨店更讓人能夠滿足「慾望」和「懶惰」，你要的一切幾乎都幫你準備好了，所以，便利商店不但能夠擊敗雜貨店，甚至對大型賣場也構成相當的威脅性，因為便利商店比大型賣場更能滿足我們的「慾望」與「懶惰」。

又例如，CD、VCD盜版的興起，取代了傳統的電影院和正規的唱

片業，因為它們更能滿足人類的慾望和懶惰，不喜歡的CD、VCD看完聽完就丟，一點也不會心疼。這不是因為e世代的人類的特性，而是根本就是我們人類的天性，e世代人類只不過成為人性的代罪羔羊罷了。而且花費在浪費的CD、VCD上的錢，並不會少於精挑細選後才買一張唱片的錢。所以，這不是省不省錢的問題，而是在於誰能提供更大量的「慾望」與「懶惰」給我們滿足。

又例如電腦公益彩券，在台灣一推出，馬上就吸引全台灣人的荷包，不為什麼？就因為它能讓人馬上致富，絕大部分的人一輩子賺不到的錢，只要買張彩券就有可能達到，難道不令人興奮嗎？而背後更大的因素乃在於它能滿足我們幾乎是一生的「慾望」與「懶惰」，只要中一次頭獎，一輩子都不用再工作了，而且可以盡情的玩樂，也就是一生的「慾望」與「懶惰」一次滿足，當然會令人心動不已嘍。

所以，若想要發財的話，只要能把人們的「慾望」與「懶惰」結合得好，就能大量收集人類的財富到自己的口袋。

10、亂局就是大局

談到投資就不能不提近二十年來，全球兩個赫赫有名的投資家，一是巴菲特，二就是索羅斯。

兩人先後在二次大戰後崛起，兩人的共同點就是從投資上賺取鉅大的財富，兩人同樣掌管龐大的基金資金，兩個人同是猶太人，兩人也同是大慈善家。標題上的「亂局就是大局」就是索羅斯的經典名言，也是他金融操作的寫實之作。

索羅斯，這個名字對於許多慘遭金融風暴摧殘的亞洲國家來說，如同是個令人咬牙切齒的代名詞。

事實上，在他的名字響撤亞洲地區之前，他在一九九二年炒作英鎊獲利十億美元的事蹟，就已經讓他在英國聲名大噪，那時索羅斯就是利用英國政府硬要護航英鎊，他看準了弱點，拋售手中英鎊把資金全部轉向德國

馬克，英國政府對之也是咬牙切齒，最後英鎊果真貶值了將近二〇%，索羅斯當時已經把資金周遊歐洲列國，避開風險。最後才再轉回英國，足足賺了十億美元，也因此一炮而紅。獲得了英國泰晤士報的讚許，譽為唯一打敗英國銀行的投資家。

而巴菲特卻是重視投資價值面的分析，他看準的投資標的，會把資金擺個一、二十年，像可口可樂、麥當勞、奇異電器、吉利刮鬍刀、Wal Mart連鎖超商等，他一旦發現投資價值，他就永續投資，除非該產業出現危機，否則，每當股價出現重挫的時候，他都會勇於承接，但是，一旦他買了，他也不會在股價高檔時把它們賣掉，因為他只重視基本面，根本就不管股價的變化。但每年這樣配股下來，可知道他有多少財富嗎？

在二〇〇一年美國遭受到九一一事件衝擊的那一年，巴菲特的財富首度超過比爾蓋茲成為美國首富。

這就是巴菲特投資價值的威力，其實，也就是複利的威力，二十年的複利展現，果真是驚人。

兩人同時掌控龐大資金，索羅斯專門找金融漏洞，短線操作。而巴菲特卻只重視基本面，完全不管股價高低，而兩個都成為世界鉅富。其實，兩人真正的相同之處，乃在於索羅斯所說的那句話「亂局就是大局」，索羅斯趁亂局尚未行成之前，大棒一敲，把亂局攪的更亂。而巴菲特卻趁亂局行成之後，人心慌慌時，大筆搜刮具有投資價值的公司，所以，索羅斯把印尼整個國家經濟打垮，而巴菲特也在美國九一一事件之後，搜刮了不少的可口可樂、麥當勞的股票。兩人一前一後獲得龐大的利潤。正因為他們懂得亂局即是大局的道理。

11、出脫術

商人把貨物買進來就是為了賣掉，賣的愈快、愈貴就賺的愈多。這個道理人人都懂，可是要把商品賣的漂亮，可就不是人人能夠學得來的。

×　　×　　×

雅蘭在廣告媒體上班，經過了一天疲憊的工作，回到家裡時，已經快七點鐘。一回到家，一屁股就坐在客廳的椅子上，順手打開在回家途中買的快餐便當，一邊看電視一邊吃了起來。

吃沒幾口飯，就聽到電視的廣告中，傳來：「×天百貨公司，換季特賣，全館二折起！」

雅蘭一聽到廣告，趕緊抬起頭，目不轉睛的盯著電視看。

雅蘭邊看心裡邊想：「等了好久，終於讓我等到了！不知道上次看中的衣服，有沒有被別人買去。」

才剛吃幾口的便當，也顧不得再吃，拿起電話就撥給同事兼死黨的曉蕙。

「是曉蕙嗎？」

「對呀！妳也才回家吧？」

「嗯！」

「我也是剛回家，我正在吃晚飯，待會兒我再回妳電話。」曉蕙說。

「什麼！飯等一下再吃吧，我要告訴你一件天大的好消息。」

「什麼好消息？」曉蕙放下了手中的飯菜，專心聽雅蘭的好消息。

「×天百貨公司從這週末起換季打折嘍！」雅蘭興奮地大聲說。

「是真的呀！」

「當然是真的！」

「哇！太好了，謝謝你告訴我這個好消息。」

「我們就約這個週末一起去搶購，妳覺得怎麼樣？」

「好哇！本來已經和男朋友約好要一起出去玩的，不過既然是百貨公

司在換季打折，當然得優先嘍！男朋友就下個禮拜再約吧！」

「那我們就約定這個週末一大早就去，妳覺得好不好？」雅蘭興奮地說。

「好！好！好！這樣才能搶得先機。」曉蕙附和說。

二人約定好了，電話也收線了，雅蘭心滿意足地等著這週末的到來，心裡想著上次沒買到的衣服，晚餐就胡亂吃些，放了洗澡水，洗了個貴妃浴，帶著美夢入睡。

× × ×

終於等到這個週末的到來了，雅蘭約了曉蕙，曉蕙還另外約了她的朋友，就這樣呼朋喚友，一群人五、六個上班小姐，平常忙於自己的工作，今天難得可以「血拼」一番。早上十點鐘還不到，百貨公司門口已經擠滿人群，百貨公司於十點鐘大門準時打開，接納蜂擁而至的人潮，大家開始用力擠進百貨公司。

雅蘭一群人也不落人後，雅蘭更是一馬當先就往二樓的女裝部衝去，

直接找到上次沒買到衣服的專櫃，伸手拿下仍然掛在櫥窗衣架上的衣服。

「咦！怎麼才打六折呀？」

定價一萬元的套裝，打六折後也要六千元，雅蘭有點捨不得買，正在考慮要不要今天就買下來，猶豫的表情被售貨小姐看到。

售貨小姐對著雅蘭說道：「小姐，要買就要快喔！這件衣服質料這麼好，很快就會被賣掉！說不定妳先去別地方繞繞，待會兒！再回來就被別人買去了！」

雅蘭看看四周其他的客戶，買東西彷彿不用花錢似的，也確信售貨小姐所言不假。

雅蘭仍不死心的問道：「其它的衣服都打二折、三折，為何這件就只打六折，能不能再算便宜一點？」

售貨小姐展示了一下衣服道：「小姐！這件衣服質料多好！怎可以和其他衣服相比呢？」

看雅蘭沒反應。又道：

「妳不快點買！我保準等一下就會被其他人買去！」

售貨小姐以半恐嚇的方式說。

雅蘭咬咬牙說道：「好吧！這件衣服就幫我打包吧！」

售貨小姐趁機推銷其他商品。說道：

「小姐！如果你只買這件衣服，而沒搭配其他的，就太可惜了。趁這時候打折，多買幾件搭配起來，才會更漂亮。」

「嗯！」雅蘭不置可否的考慮著。

售貨小姐又道：「現在正打折，買的正是時候，而且第二件起一律再打八折，實在很划算，妳還是趁這時候多買幾件吧，免得其它漂亮衣服又被別人挑走。」

雅蘭聽到可以再打八折，又不免心動了起來。心裡決定後說：

「好吧！就當作是犒賞自己一年的辛勞吧！」

於是又在這個專櫃東挑西挑，又多買了三套衣服。再走到一樓和曉蕙他們會合，曉蕙她們一群人也不差，都各自提了一大包東西，買了自己想

要買的東西。

雅蘭問大家道：「再來我們做些什麼呢？」

「再繼續逛逛嘍！我們才剛剛來這裡而已耶！」曉蕙的一位朋友玲玲說道。

於是一行人，又在百貨公司逛了二個小時，大家彷彿都被那裡的氣氛感染到，買了許多當季的打折商品。一天下來，雅蘭計算一下，他們一行人平均每人都花了五、六萬元，反正是刷卡，也不特別覺得心疼。

「唉！錢真好花，可是還真難賺呀！」雅蘭回家時兩手都提酸了。

雅蘭提著一大袋的東西回家，才發現家裡只剩下泡麵可以果腹了，於是心裡發出這樣的想法。

發現其中的奧妙了沒有，若沒有，沒關係，我們再看下一則。

× × ×

「林先生，我們的契約還要不要續約呀？」電話中對方這麼說。

林添財回答道：「我看不用好了！簽了三個月，也沒看到幾個客人來

看房子，還是暫緩一下好了！」

對方說：「林先生！一般客戶都認為您的房子，價位賣的太高了。」電話那一頭終於抱怨起來。

林添財說道：「我也知道有點偏高，所以，才找你們代銷的呀！」

對方說：「可是也不能偏離行情太多吧！附近的房子大概都只有七、八百萬元左右，我們卻要賣一千萬元，恐怕買方很難接受吧！」

林添財忿忿不平地說：「我的房子是新的裝潢，再加上又是邊間，採光又好。賣貴些，自然是應該的！只是你們都不會把它的優點說出來，都是一些菜鳥業務員來賣房子，當然客戶提不起興趣。」

對方說：「說實在的，如果您再不降價，我們真的也無能為力了。」

林添財說道：「好吧！我們就讓契約到期不再續約好了。」

兩邊都不太愉快地掛上電話。

添財心裡想著：「我就不相信，再找一家仲介公司試試看！」

過二天，添財把×義房屋的契約書，拿給太平×房屋的業務員看。

添財說道：「契約昨天到期！如果你們有信心，我這房子就交給你們銷售。」

業務員陳先生說道：「可是價位好像偏高了一點，一般在那裡的房子大約只有七、八百萬元左右而已。」

林添財說道：「陳先生！我的房子可跟它們不一樣，我的採光好、視野好！賣貴一點也是應該的。」

業務員陳先生說道：「這是當然的！不過貴太多的話，可能就不好賣了。」

添財很有誠意地說：「嗯！上次的×信房屋也是這麼說！好吧，我們就把價格降低一點好了，九百萬，你看怎麼樣。」

業務員陳先生聽了還是搖搖頭

「如果價位太低的話！我寧願不賣。」添財意志堅定地說。

業務員陳先生感覺到添財的決心，於是說：

「好吧！不過您要有心裡準備，可能不會太好賣。」

林添財不置可否，在他的心目當中，仍然覺得自己的房子最有價值，不過還是簽了為期三個月的代銷契約。

× × ×

「唉呦！這房子沒有這個價值。」第三天，就有業務員帶個客戶來，客戶只說一句話就走人。

「這價位太貴了！」

「裝潢也不怎麼樣！怎麼會這麼貴！」

「現在景氣不好，這價位是沒有人會買的。」

「如果是六百萬，倒可以考慮看看。」

「對街那間比這間更好！只賣七百萬，這間房子太貴了、太貴了。」

果然是連鎖的大型房屋仲介公司，客戶絡繹不絕地來看房子。但是答案都是一樣——「太貴了」。

添財天天坐在家裡等候著買方上門來看房子，但是，他們的反應幾乎都是一樣，認為房子價位與市價實在差距太大，添財的信心無形中也開始

被動搖了。

就這樣三個月過去了，添財的房子在太平×房屋的銷售中，還是沒有辦法賣掉，理由就是太貴了。太平×房屋也覺得自己無法銷售如此高價的房子，為了自己的廣告經費考量，自己先打退堂鼓，不再與添財續約。

×　×　×

就在添財與太平×房屋終止契約後兩天，這天晚上，添財一個人坐在客廳裡看電視，就聽到有人按門鈴。

「林先生在家嗎？」對講機傳來聲音。

「我就是。」添財對著對講機說。

對方道：「我上次有看過您的房子，今天我還想上去看看好嗎？」

添財道：「不過我已經跟房屋公司終止契約了耶！」

對方道：「沒關係啦！我只是再來看看而已，您就開開門吧，有問題我們再來聊。」

「嗯！好吧。」添財有點心動。

添財迎接這位不速之客，一問之下，才知道原來是太平×房屋當初帶他來看房子的，雖然喜歡卻覺得價位太高的何先生。何先生進到房子後，又仔細地看過房子所有的細節部分，然後向添財說道。

何先生道：「您的房子說實在，我很喜歡，不過就是價位太高了，您可不可以再降些價錢呢？」

添財沒想到銷售時間過了還有人主動找他看房子，有點意外。於是他問道：「你真的喜歡？」

何先生點點頭，繼續等著添財的答覆。

添財說：「如果你真的有誠意，我是可以再降些價錢的。」

何先生問道：「多少？」

添財考慮了一下，說出自己的心理底價：「八百萬，不能再少了。」

何先生聽了面有難色，並沒有正面回答添財的話。

何先生說道：「這樣子吧！我考慮一下，明天晚上，我再來跟您談談好嗎？」

添財點了點頭，何先生不發一語的走下樓去。

× × ×

第二天晚上，果然何先生又來添財家中，而且這次是攜家帶眷，一家五口連同兩位不知名男士，都來到添財的房子裡，兩位男士據他說一位是代書，另一位則是會看風水的先生。

何先生先向他家人介紹添財是一位多麼好的叔叔，全家人也就「叔叔長，叔叔短」的叫著。叫的添財有點不好意思。何先生一家人也都很仔細地看房子，還開始分配他們自己的房間，這樣的舉動看在添財的眼裡，覺得這筆生意大概會敲定了。添財在何先生看完房子後，兩人坐在客廳的沙發上，準備要談他們的正事了。

「小何呀！這間主臥室開門的方向，好像跟你的八字不合耶！如果你是睡在主臥室的話，一定會是常常生病。」

那位會看風水的先生，向何先生說話。

何先生轉過頭來問道：「那怎麼辦？」

風水先生一付事不關己的神情說道：「你自己判斷嘍！」

何先生道：「可是我真的很喜歡呀！」

風水先生只是聳聳肩，並沒回答。

添財看在眼裡，只有乾著急的份。

心裡想：「怎麼半路殺出個程咬金出來呢！」但是，自己又不好意思多所評論。

何先生想了一下對風水先生說：「不管啦！我還是很喜歡這房子。」

添財心裡的石頭，這才放了下來。

何先生又說：「林先生，我們全家都很滿意這間房子，雖然我的朋友說主臥室跟我不合，但我還是決定要買，不過價位還可不可以降低些？」

添財本想一口就回絕的，就聽到何太太與他們的小孩。

「林先生，您就高抬貴手吧！」

「林叔叔，價格就讓一點嘛！」

「叔叔！好嘛！」

你一言我一語地把添財搞得心思雜亂，無法集中，添財好不容易再打起精神來。

添財向何先生問道：「你覺得什麼價位，你出得起呢？」

添財以退為進。

何先生道：「我自己所有的錢，加上貸款，只能拿出七百萬元。」

添財聽了直覺道：「什麼！只有七百萬，那太離譜了，這個價錢我不可能賣的。」

何先生又說道：「可是我朋友說主臥室不適合我，到時候可能又要動到一些土木工程，至於改完怎麼樣，也不知道，所以，其實我也沒佔到便宜，還請您多多見諒！」

添財聽了道：「那也不能只出七百萬元呀！」

倆人於是不斷為價位的事情在爭執協調，何先生家人又不斷地在旁邊慫恿著添財。

何先生壓低聲音神秘兮兮的說道：「林先生，其實我私底下來找您，

已經替您省下不少錢，那五%的仲介費，少說也要四十萬元，再加上我又要動到裝潢，可能也要六、七十萬，這樣也等於我們各退一步，現在景氣真的不好，大家就當作交朋友嘛！」

添財聽了道：「可是房屋公司的人知道了怎麼辦？」

何先生道：「這點您放心，我會用我妻子的名字去買，他們沒有紀錄的，而且您在房子賣完之後就搬走了，他們哪裡會知道您搬去哪，又有何種名義跟您要錢呢？」

添財想想也對，不過自己雖然省下四十萬，還是賠了六十萬元呀，心裡正在猶豫不決。

這時候見到何先生從袋子裡，拿出一包東西，他放到桌子上後，打了開來。

何先生把它推給添財道：「這裡是二百萬元的現金，如果您馬上同意的話，就當作是訂金好了。」

原來是整整齊齊的一大疊鈔票。

添財更加猶豫了，看到白花花的現金就在手邊，感覺真的不一樣，真的很心動。自己只要點個頭，這錢就是自己的。

何先生從旁慫恿道：「林先生，別為了六十萬元，白白損失七百多萬的交易，以後恐怕不會再有人來看您的房子嘍！」

添財用手摸了摸鈔票，正在考慮。

何先生又把錢往添財桌子這邊推了過去。

「林先生，現在只要簽個約，這錢就是您的了呦！」

添財終於忍不住誘惑。

「好吧！」

何先生立刻請跟來的代書朋友把契約寫好，倆人當場就簽約，該房子以七百萬元成交。

發現其中的奧妙了吧！

× × ×

這二則案例，其實都在講投資領域裡一個很重要的課題，那就是如何

把投資轉售出去，股市名言裡：「會買股票不稀奇，會賣股票才是高手。」就是說明把投資轉讓出去的重要性。

以上兩則案例，彷彿雅蘭與添財都被人欺騙了，事後可能都會後悔。但是認真講起來，他們是吃虧嗎？這還真的無法判斷到底是誰吃虧呢？雅蘭已經期待她的那件衣服很久了，若沒有即時把衣服買下來，可能真的會買不到，而添財也把房子給賣爛了，誰也無法保證下一位買方會出更高的價錢。

而第二例的何先生買到房子就真的佔到便宜了嗎？何先生和添財倆人都碰到投資領域裡的最大難題，就是「你永遠不知道，那時候是最佳的出手時機」。買到便宜房子的何先生，可能碰到台灣房地產的不景氣，房價仍然會下跌。所以，他雖暫時賺到便宜，並不表示以後就是賺到便宜，以後再賣出去時，不一定就吃虧了。

但是，雅蘭與添財倆人都碰到了洞悉人性的高手，高手能夠很巧妙地運用機會，製造出一個假象，讓人誤以為他們是吃虧賠本的人。雅蘭與添財兩人也才會掉入陷阱，這陷阱的做法就是：

「作出好像傷害自己利益的事，就會有人依附過來。」

雅蘭與添財以為佔到便宜，其實對手未必會吃虧。事實上，這個便宜對他們兩人而言，或許佔不佔都沒關係，但是，當下的他們卻迷失在當時的環境而不自知。

所謂老闆不在隨便賣、跳樓大拍賣、結束營業大拍賣等口號，也就是依照這樣的原則製造出來的，這個方法很好用，常常會讓人誤以為佔到便宜，而情不自禁的掏出腰包的錢。這正是投資學問裡常用的出脫術。

12、上班能賺錢嗎

一般台灣的父母親都希望自己的孩子，高中能夠讀個好學校，進而能夠進入台灣的國立大學，最好能夠讀個熱門科系，進而能夠進入一家好的公司。一般父母大致上到此之後，美夢就已經無法再編織下去了。因為再下去他們也不知道該如何編織下去。

這樣子的美夢也許是自己過來人的經驗，也許是他周遭朋友的經驗，也或許只是自己憑空想像，自己完全沒經歷過，只是純粹依照社會價值觀所幻想出來的一種理想罷了。

最後所有的路子都導向到，只要擠進一家優秀的公司之後，孩子的世界就是完美無缺了。也就是說，只要在大公司上班，就可以開名車、住大樓，然後一輩子都衣食無慮。

事實上，果真是如此嗎？一項市調有趣的顯示出來；在民國九十年台灣股市跌到三四一一低點時，有九成以上的上班族擔心自己的工作不保，擔心自己會被公司裁員。當然，這也包括一些上市公司的員工，更何況是小公司的職員，大家終日惶惶，這就告訴我們鐵鎚釘釘子，釘子釘木頭的道理了。

景氣是個鐵鎚，而老闆是個釘子，員工就是最可憐的木頭。當景氣好時，公司賺錢，投資公司的股東享受公司的獲利又享受公司的分紅，於是他們大賺錢，員工卻只能求個全薪外加年終分紅，這一年大家相安無事。可是一旦景氣欠佳，公司不賺錢，投資公司的股東也沒錢分，可是他們不把股份賣掉就不算賠錢。

而員工呢？可能有些會被裁員，有些會被降薪，留下來的人更辛苦的工作，卻只能糊口飯吃，年終肯定沒有分紅。

一定有人會說：「未必如此呀！有許多的上班族，在上市電子公司工作，最後也買了高樓大廈，開起賓士車來呀！」

沒錯是有人如此發了小財，可是知道嗎？大部分像這樣賺到錢的人，

都是靠員工配股發的財，也就是說，公司把他們應得的分紅轉為股票發給他們，而他們的身分，立刻從單純的上班員工，轉變成投資人的身分，最後也因為以投資人的身分，而賺到大錢。

這些幸運的上班族，之所以買得起高樓名車，完全在於他們的投資，而上班賺的錢卻只能圖個溫飽而已，他們幸運在於能即時兼具上班族與投資人的角色，進而投資獲利了結。

除了極少數的人能夠從上班發大財之外，一般人幾乎不可能因為上班而致富的，因為錢是無法靠替他人工作而收集得到的，除非是自己當投資人兼具上班族（像老闆），這樣才能因為獲利的分享而賺到大錢。

所以，想要賺大錢者，應該斷絕自己替別人賣命而獲取的勞役錢，應該專心於自己的投資脈動，像是一個海浪的滑水者一般，永遠追逐最大的海浪，投資者則追逐金錢的脈動，這樣才能讓自己享受金錢的顛峰，而不是去當個上班族，卻整日夢想自己會發大財。

13、成功不必在我

最近和一位學武的朋友聊起他的近況，聊天當中，深覺他的武術境界又有長足進步，真是替他高興。也期望他能替台灣武術界，開創一個新的格局，因為我與他早年一起學習傳統國術，年紀漸長時，都轉而練習內家拳。學習武術的人一般都有一項特色，就是當自己的年紀漸大時，會開始思索這種舞拳弄棍的招式，難道就是武學的全部嗎?用心的人都會轉向身體內部的鍛鍊，繼而學習氣功、內家拳。所以，現在的台灣仍有許多不出世的武術高手，只是高手的定義或許與外界的不同而已。

內家拳裡八卦、形意、太極、鶴拳，在台灣其實都有很好的發展。只是現在講究的是熱武器，像拳腳刀槍這種冷武器，由於已經失勢，漸漸失去人們的關懷。只剩下一小撮人還堅持自己的理想，幸好內家拳還有健身效果，所以，尚有一些人在學習，但是，可惜外家拳的國術，就已經快要

被遺忘掉了。

我那朋友同我一起練了幾年的外家拳後，轉而從事內家拳的研究，他愈研究愈深入、愈有心得。常常一見到我就聊上好幾個鐘頭，把他最近的心得通通告訴我，我本身由於工作關係，不能像他那麼專注練習，只能在閒暇時，偶而練練太極拳，所以，時間一長，我們兩人的功力就愈差愈遠了。

我覺得他已經通悟所有內家拳的精神，現在的他已經可以身形不動，腳掌微動就能發人如同掛畫，把人騰空推起，發到一丈外。這表示他已練就太極拳的最高境界，楊式太極祖師爺楊露蟬在世，內勁功力大概也不過如此吧。但是，他卻謙虛自己尚未完全體悟箇中精華，謙虛自己只是一名傳承的接棒手，最後完成大業的絕對不是他。他說了一句令我感動的話，他說「成功不必在我，但是成功必定有我。」頓時之間我被他這句話感動了，看到一個全心付出的人告訴我，成功不必是他，表示他寬闊的心胸，任何人都可以得到他的成果，他唯一希望是，接棒的人發揚光大，最後能

成功。在這一連串努力裡，有他的努力，他就覺得安心了。

中國人如果一開始，就有他這種心胸，中國許多的技術就不會因此中斷，反而被外國人發揚去。而他之所以會有這樣的心胸，我覺得最主要乃在於，當初內家拳的開山始祖們，不斷的著書，無私的公開教授有很大的關係。君不見，一大早，公園到處有人打太極拳。正是因為這樣的傳統。而朋友亦無私的認為「成功不必在我」，反而更能把內家拳的精隨，體悟到透徹。

× × ×

投資剛好相反，投資最好能全程參與，那就是「成功必定有我，而且成功也必定在我」。假如無法做到如此的地步，至少要做到第二個境界，就是「成功不必有我，但是，成功必定在我」的境界。我比較偏向於第二個境界，別人去努力，我們只要把敏感度調整好，一旦價位發動時就能立刻和努力者共享榮耀。

14、創造財富

人生在世，能在有生之年，作出對人類有幫助的東西，那是偉大的。但是往往這樣的人，所受到的待遇，卻是非常低級的。而另一些人整天無所事事，只是抓住一些人性的小技巧，卻可以飽食終日，享盡榮華富貴，難道這就是天理嗎？

× × ×

「小怡！這禮拜六、日兩天不要跑出去玩喔！我們果園的草長了，要噴除草劑，妳也要去幫忙，知不知道？」老王叮嚀著他的女兒。

女兒回答道：「哎呀！你跟媽二人去做就好啦！我已經跟同學約好要去圖書館看書了啦！」

「小怡，連哥哥在學校住宿都要趕回家幫忙，妳天天在家，不去幫忙說不過去吧？」媽媽在廚房忙著煮菜，聽到小怡的說法，連忙應聲道。

「可是我真的已經和同學約好了嘛！」小怡仍然不死心地說。

爸爸無奈說道：「沒辦法！家裡人手不夠，如果我跟媽媽忙得過來的話，也不會動用到你們幫忙。妳只要在果園裡顧好藥水的比重就好了，其他的我們三個人會處理，妳在旁邊也可以讀書呀！」

「好吧！」小怡只好無奈的說。

於是這禮拜六、日老王全家出動，把果園裡的雜草全都噴上除草劑，一家人整整忙了二天，終於把一甲多的果園整理完畢。

老王雖疲憊但高興，對著全家人說：「真是累人！工作完畢，我們回家去吧！」

夕陽西下，餘暉仍在天邊，天色已經接近黃昏，老王開著他的農用板車，載著全家人回家。全家人在車上正享受著疲憊後溫馨的歡愉。

小怡坐在車上說道：「爸！今年的天氣還不錯，今年我們家的橘子應該也會豐收吧！」

老王說道：「嗯！照這樣下去，的確會收穫的不錯，今年應該是個『

好年冬』。」

老王的大兒子也加進話題說：「去年的颱風把許多花苞都吹落了，所以，全鎮的橘子都長的不好，希望今年不要如此。」

老王邊開著板車邊說道：「對呀！去年我們家的橘子只有平常的一半收穫，品質又不好，真是個『歹年冬』。」

又說道：「不過今年應該可以比平常多收個一、二成。到時候多賺些錢，爸爸就幫你們兩個買台電腦。」

「耶！真棒。」兩個小孩高興的叫著。

女兒小怡又說道：「我要筆記型電腦！」

坐在板車上的媽媽聽著父子三人，你一言我一語的說著，也忍不住搭上話來。

「你們父子三人別做春秋大夢了。」

老王父子三人聽了媽媽的話，都露出訝異的神情，也都靜了下來。

媽媽又續道：「就算是豐收又怎樣？去年產量雖然減少，但是，相對的橘子價格就很好，只可惜我們不能多生產！今年風調雨順，大家鐵定都豐收，可是橘子的價格一定會跌很多，到時候，多生產只是多忙而已。萬一只有我們種不好，價格又低，我們全家就要喝西北風了，哪有多的錢買電腦。」

老王開著農用的板車，心裡也是百感交急，要不是自己天性樂觀，要養這一家人實在有些累人。

老王感慨地說：「唉！這也是沒辦法的事情呀！」

回過頭來認真地對著兩個小孩道：「小怡妳以後不要嫁給農家子弟，哥哥也趕快學一技之長，不要像爸爸一樣只會作農。」

× × ×

在香港的蘇富比拍賣會場，今天裡面冠蓋雲集，大家都是來一睹一幅從來未發表過的梵谷名畫。聽說當初梵谷用這幅畫，只換取得幾天的麵包錢。可是，他還是對買這幅畫的人感激地痛哭流涕，因為梵谷已經餓了好多天沒飯吃了，當初買畫的人其實是在可憐梵谷，買梵谷的畫只是救濟梵

谷的藉口而已，自己對於那幅畫也不覺得好在哪裡。

「各位先生女士，拍賣會等一下就會開始，底標是七百萬元美金。」主持人從麥克風中說出後，工作人員就小心翼翼地把那幅畫從裡頭抬了出來。

「這幅畫是由英國的傑森公爵提供，他收藏了將近十年，今天他大方的將畫提供出來拍賣，請各位踴躍的投標。」主持人說。

主持人介紹完畢，遮著畫的布簾立刻就打開了，台下驚艷之聲四起。從筆法看來，必定是梵谷全盛時期的作品。

「真是一代大師的傑作。」

「真的光彩奪目。」

「真是漂亮。」

「是梵谷的真跡沒錯！」

「這一定是梵谷全盛時期的作品，對比顏色清楚明瞭。」

「台下的投標人請安靜，有意競標者現在請開始投標。」主持人開始說話。

「八百萬。」主持人看到右邊座位有人舉起手來。

「八百五十萬」、「九百萬」……

一路喊下來，標價愈來愈高，終於價位開始停住了。

「一千三百萬一次」主持人對著所有投標人喊著。

「一千三百萬二次」主持人拉長了聲音。

「一千三百萬三次」主持人更拉長聲音，希望有人能出更高的價位。

「DOWN！」最後主持人面無表情的落下手中的槌。

「這幅梵谷的畫，以一千三百萬美金的價位，賣給這位男士。」主持人露出些許的職業微笑說。

這幅畫由香港的一位貿易大亨游先生得標，事後，傑森公爵為了尊重藝術的收藏者，還親自把畫交給這位游先生。

「游先生，恭喜您得到這幅畫，這幅畫是我的收藏品中，我最喜歡的一幅，希望你也會喜歡它。」傑森公爵把畫交給游先生。

「謝謝您的割愛，不過我自己並不懂得欣賞名畫。」游先生說。

「那您為何買下它呢？」公爵驚訝地問道。

游先生笑笑，並沒有直接回答。

「生意。」游先生說。

「生意？」傑森公爵覺得有些遺憾。

「沒錯，就是為了做生意。」游先生說。

游先生又問道：「我能冒昧的請問公爵您，當初您買這幅畫花了多少錢嗎？」

公爵猶豫了一下，仍然誠實的回答道：「嗯！我本來不應該講的，藝術本來就是無價的。但是，看在你是站在生意的角度，大家都是投資在藝術作品的份上，就實話跟你說了吧。」

「請說！」游先生說。

「當初十年前我用三十萬英鎊的價錢買到的，不過那時候這個價位已經是天價了。」傑森公爵說。

「這就對了！」游先生說。

「你還認為它有更高的價值嗎？」傑森公爵充滿疑問的神情看著游先生。

游先生只笑笑。

「我幫您概算一下大約是五十萬美金，您十年前用五十萬美金買了這幅畫，十年後它價值一千三百萬美金，我雖不懂藝術，但是我懂得人性，也懂得梵谷的畫只會變少，不會變多。只要下次經濟再度起飛，它永遠是最好的投資物，下次你再見到它的時候，可能它的身價就已經是上億美金了。」

傑森公爵聽完笑著說：「哈！哈！哈！那你就是大贏家了，大家都靠這幅畫賺了一筆錢，我仍然衷心祝福你。」

游先生也頗有默契的會心一笑。

「敬傑森公爵您一杯！」游先生拿起蘇富比拍賣公司為他們準備的香檳酒敬公爵。

× × ×

唐詩裡有一句：「朱門酒肉臭，路有餓死莩！」拿來形容上二例子，再貼切也不過。可是平心而論，到底是誰創造了財富呢？是前一例的老王一家人。老王家族把水果從無到有生產出來，再拿它們換成金錢，這以宇宙的觀點來看是居功厥偉，因為他們生產了財富，而傑森公爵與游先生兩人卻只有保管一幅畫一段時間，幾年的功夫就賺得幾千萬美金的報酬，兩者的報酬可真有天壤之別。

事實上，老王家族與傑森公爵、游先生兩人的收入報酬，之所以會差距如此之大，事實上，乃在於一個觀念的差別而已。

這觀念就是我提出的「人一生無法創造出許多的財富，人所能做的，只有把它們集合起來而已，財富就會自動呼朋引伴了。」老王靠自己創造財富，結果全家人出動也只求得一個溫飽而已。而傑森與游先生兩人自己並沒有創造任何財富，他們只是收集一下，然後就有鉅大的財富進帳。

君不見，世界首富美國比爾蓋茲，之所以會成為世界首富，並非他創

造了許多財富，而是在於他會利用他所創造的windows系統，來收集世界的財富。所以，他會成為世界首富，只因為他懂得上述的原理，並且實踐而已。

於是我們檢視自己會不會賺錢，就得檢視自己從事的工作，是屬於創造財富的工作，亦或者是收集財富的工作。

如果你是朝九晚五的上班族，那你是在創造財富，你一定不會富有。如果你是自己在當老闆，整天為訂單忙得昏頭轉向，那一定也不會成為鉅富，因為你也是在創造財富。但是，如果能從創造的過程當中，轉變成為收集以及轉讓出去的話，那遲早會成為大富翁，因為那是世界上所有的大富翁都從事的事情，這邊只能提到一個原則而已，至於變化就得要靠個人的遭遇和巧思了。

15、失去抑或還有

新人想要投資股市，最好能在空頭的時候，因為正好可以測試自己，投資的觀念對或者不對！

我以前養過一隻母貓，由於我採取放任制度，隨便牠要在家裡睡覺或者是在外頭遊蕩，我都不太會去干涉牠的自由。於是當牠成年了之後，很快的就發起春來。幾天不見牠的蹤影之後，再回來時已經萬分疲憊，在家裡睡了兩天的大覺，才又恢復活力。

一個月之後，牠就已經略有小腹，於是我知道牠懷孕了。再過了三個月之後，它產下了一隻跟牠色澤完全不同的虎斑花紋的貓，這時候我才知道原來母貓外遇的對象是隻虎斑貓。小貓是隻小公貓，母貓盡心地在照顧小貓，讓我也覺得感動，原來母愛也可以在動物身上尋找到。小虎斑貓在母貓的細心照顧之下，漸漸地長大。

由於我並沒有把這隻虎斑貓送人，小貓於是幸福的與牠母親一起生活成長。隔了一年，母貓並沒有再發春，我想大概是為了照顧那隻小虎斑貓吧！又過了一年，小貓已經長成大貓，開始有自己的社交生活，老是外出找尋談戀愛的對象，或者和其他的公貓搶地盤。牠和牠的母親就只維持著淡淡的親屬關係。

隔年春天，母貓又開始跑外面，發春去了，也如預期一般，它又懷孕了。這次換我煩惱了，總不能在家裡養了一大堆的貓咪吧！於是我決定，等到小貓出生、可以斷奶的時候，就把小貓送給別人家。小貓如期出生，這一次，一胎生了三隻小貓，長得非常的可愛，毛色非常漂亮。但是，我仍然在牠們可以斷奶的時候，毅然地登報送給別人，由於少有人只送不賣的，而且我還會贈送新主人幾天的貓食，當作是小貓的「拌手禮」，詢問的人極多，我仔細地挑選主人後，一天之內，小貓就被新主人領走了。

我看得出來母貓傷心欲絕，在送走兩隻之後，甚至牠還企圖想阻擋外人去看牠的小貓，但是這些舉動後來都沒有發生效果，小貓還是全部送給

新主人了。可是母貓明明知道小貓已經送給別人了，當天晚上，母貓還跑到窗外去呼喚小貓，彷彿牠這樣的呼喚，小貓就會從牆角跳出來一樣。

然而，天不從貓願，一夜的呼喚，並沒有得到任何的回應，我聽得出牠的聲音從急切，轉而變成悲哀，我幾次把母貓抱回客廳，牠馬上又回到陽台上去呼喚小貓，那種音調我一輩子也忘不了，我甚至懷疑母貓會不會因此而死掉。

這個樣子持續了兩天之後，母貓的態度突然一百八十度的大轉變，牠又生龍活虎起來了，如同一個剛初嫁的少婦一般，牠完全忘記生過的一群小貓，牠又開始跑到外面去，三天不回家，原來牠又發春了。

×　　×　　×

大部分的投資朋友在賺錢的時候，投資股票都沒有問題，大賺就一夕致富，小賺就貼補家用。在賺錢的情況下，至少都敢砍敢追，沒有太大的疑問，有獲利就有膽子，進出也大膽。但是遇到賠錢的時候，心就亂了，操作也開始完蛋了。不知道該如何處理，於是這時候就測驗出，對投資的

觀念仍然是一知半解，只有一招半式就敢闖江湖，正因為對投資只了解一半，所以賠了錢以後，不知道該怎麼辦？

多頭時候，股票容易賺到錢，賣了股票就換成鈔票，大家的意見都不大。但是，空頭的時候，股價很容易往下掉，一買股價就往下掉，股價再回檔時，還沒到本錢也捨不得賣，結果股價不但沒再往上升，又繼續往下掉，最後愈賠愈多，更是捨不得賣，於是就被套得牢牢的。這不止是散戶會犯的毛病，往往連大戶、投信也都會犯這毛病，因為這是人之常情，與能力、智力無關。

這是因為沒有停損的觀念，我曾經在市場上大聲急呼，停損的重要，也在『突破股市瓶頸』一書中，明白指出「投資之道無他，順勢而為，隨時停損而已」。的確有些投資人收到我的訊息，但是，許多的投資人仍然我行我素，不把停損的觀念帶進投資的領域。所以，每次股價掉下來，就仍有許多投資人受傷嚴重。

其實，在宇宙的真理裡，重視的是「還有的東西」，而不是「失去

的東西」。所謂的「十鳥在林，不如一鳥在手」。投資也是如此，失去的已經失去了，不會再回來，重要的是如何掌握現有的資源，唯有完全掌控手中的資源，投資才能再創造新的利潤出來。所以，當我們在痛恨失去的金錢的同時，不如好好規劃手中能運用的資金吧！

就如同我的貓咪一樣，小貓既然已經送給別人了，再懷念也是沒用，不如趁自己空閒時，再好好經營自己下一次戀愛吧！

16、投資小孩1

「來！來！來！」阿材在自家庭院逗著他剛滿二歲的小孩。

「爸……爸！」小孩剛學會走路，有點重心不穩，朝著阿材的方向走來。父子兩人正嬉戲著。這樣的場景看在阿材的父親明輝的眼裡，也讓自己想起含辛茹苦的把兒子培養成人的辛苦，自己覺得倍感溫馨。

父親明輝說：「阿材呀！你的兒子已經兩歲了，應該再生一個了。」

阿材邊逗小孩邊講道：「爸！可是阿梅說，她覺得帶小孩很累，她只想生一個就好。」

父親明輝有點無奈地說：「你看！我還不是生了你們兄弟五人，加上二個女生共七個人，我就不覺得累，你只生一個就覺得累了。唉！」

阿材抱著他的兒子說道：「可是當初環境單純，小孩顧個一、二年，其他時間就放任他跟鄰居的小孩一起玩，小孩子赤腳吃泥巴、天生天養，

拉拔、拉拔也就大了。現在小孩子什麼都得要大人管著，像他都還得要天天接送到褓母家，我的時間都被控制的死死，如果再生第二個，那就更忙不過來了。」

父親明輝道：「可是養兒可以防老呀！像我現在已經沒工作了，就跟你們幾個兒子住，不是也過的很輕鬆嗎？我一輩子沒有什麼大成就，最大的成就就是把你們幾個養大，我把一輩子的積蓄都是投資在你們的身上，不也是挺好的嗎？」

阿材回答道：「以後的小孩很難說，現在的我們還會照顧父母，以後的小孩，可就說不定了！」

「爸！阿材！可以吃飯了。」阿材的太太阿梅，從廚房端出最後一道菜。

「唉！好吧！我們先吃飯吧，這事情我們以後再商量好了。」

老爸明輝拄著枴杖，阿材牽著他的小孩，三人從庭院裡走進屋子。

阿梅道：「大家都來吃飯吧！」

晚餐裡大家特別的沉靜，還是明輝打破了沉默，說道：

「阿材呀！下禮拜我就要到老大家去住，一個多月之後，才會再回到這裡住，你自己生活上，自己要照顧自己。」

阿材道：「爸！我都三十好幾的人了，怎麼不會照顧自己，倒是您自己到大哥家住，那裡人多容易心煩，有空多回來我這裡住住也好。」

父親明輝道：「唉！你們幾個兄弟都很孝順，對我也很好。其實我是很滿足了，可是你們幾個在我眼裡永遠都像個長不大的孩子，我一個禮拜換一家住，好像是在照顧你們，反而不像是你們在奉養我。我每個月每個人都看過，我才會安心。」明輝淡淡的說出來。

阿梅幫著阿材答話道：「爸爸的苦心，我跟阿材都知道。」

明輝對著阿材說道：「我剛才在庭院跟你說的事情，你再考慮看看，我還是覺得家裡人口多一點會比較熱鬧。」

阿材無心的回答：「好啦！這幾天我會跟阿梅商量、商量看看。」

阿材故意邊吃著飯，含糊帶過，阿梅看的是一頭霧水，覺得他們父子

必有事情瞞著自己。

飯後，爸爸早早就入睡了，阿梅還在哄孩子入睡，小孩精力旺盛，東跑西跑就是不肯乖乖聽話。阿材也體貼地分擔一些家務，得把碗盤清洗乾淨。好不容易，小孩子終於玩累了，肯乖乖地喝個牛奶，躺在嬰兒床上不到十分鐘就睡著了。阿梅這才有空打理自己，抽個空洗把臉，從傍晚回到家後，她就一直在忙，必須把一家老小都侍候完畢，自己才有一點空間，忙完了，也已經過了晚上十點鐘。

阿梅洗完了澡，坐在化妝台上面整理自己的頭髮。

阿梅道：「阿材，爸爸今天傍晚跟你說些什麼？你怎麼吃飯的時候支支唔唔的？」

阿梅問在看房裡電視的阿材。

阿材說道：「還不是爸爸嫌我們只生一個孩子太少的事。」

阿梅有點不悅地道：「一個小孩已經忙的我暈頭轉向，如果再多生一個的話，我豈不是一天二十四小時都沒得休息了。」

阿材道：「我也告訴他了呀！」

阿梅道：「像我們這樣的小家庭，夫妻倆人都要上班，孩子白天都還要托褓母照顧，一個小孩褓母費一個月就要二萬塊，如果我們多生一個，那我們一個月就要付四萬塊的褓母費，而且白天我們上班，晚上回到家還要帶小孩，一天到晚都要忙，到現在晚上十點我才有空。我們怎麼還有精力應付明天的上班呢？」

阿材說道：「這些我都知道，而且孩子的教養費，只會隨著他的成長而增加，不會減少，以後他的教育費就只會更貴而已。」

阿梅說道：「其實老一代的養兒防老的觀念，在現代已經不適用了，以前孩子天生天養，只要顧到孩子吃飽了，其他的事都不用多管，小孩長大以後，還會孝順長輩。現在養小孩什麼都要錢，名堂一大堆，花了那麼多的錢，到頭來小孩子拍拍屁股就走人，何苦來哉！」

阿材感慨道：「那還算好的了！隔壁的老張，小孩都二十幾歲了，還是天天要跟他拿錢，少給了一點，還會拳頭相向，我看我還是算了，我們

就生一個小孩就好了，等阿弟長大了，我們也盡了義務。把他趕出家門，讓他早早獨立，我們也就自由了。」

阿梅道：「其實阿弟長大了，我倒捨不得趕他走，不過我倒沒有老了要靠他過日子的想法，反正年輕的時候多賺一點，咱們老了，自己夠用也就心滿意足了。」

阿材這時候，走到阿梅的身後摟著阿梅。

「可是妳這麼好的條件，只留下一個種，豈不是暴殄天物了嗎？」阿材在阿梅的髮際裡廝磨著說。

阿梅被阿材逗笑了，說：「那你的建議呢？乾脆幫你生一打小孩子好了，把我生的人老珠黃。這樣子不就是物盡其用了嗎？」

阿材面對著鏡子，拌了個鬼臉，說：「那我可捨不得！妳變成老太婆了。半夜我醒來，可會被妳嚇死的。」

「喔！你這個死人，被你佔盡了便宜，你還要賣乖。」阿梅說完，拿起了一個枕頭打了過去。

「哎呀！謀殺親夫了。」阿材一把抱住阿梅，倆人滾成一團，倒在床上。

阿材抱著阿梅說：「阿梅！說真的，小孩我們就生一個，好不好？」

「嗯！」阿梅點了點頭。

「不過，小孩雖然只生一個，但是其中製造的過程可不要少掉呦。」阿材開始在阿梅的身上，毛手毛腳。

阿梅喃喃道：「我就知道！你這個色鬼。反正今天沒什麼事，就便宜你了，愛怎樣就隨便你了。」

「哈！哈！哈！那就讓我過過癮吧。」阿材急忙關上燈，抱著阿梅上床去進行他們的「製造過程」了。

× × ×

以前農業社會，需要大量的勞力，所以，小孩子多是件值得高興的事情，只要細心地撫養個幾年，大一點他就會跟鄰家的小孩子玩，隨便的跑跑跳跳也就長大了。之後，就會成為家中的一份勞力，一點都不麻煩。當

時勞力缺乏，這的確是一個高報酬的投資。

可是現在步入工商社會，社會治安又變差，一個家庭只有夫妻倆人，而且都要上班。小孩白天必需請人照顧，晚上還得自己照顧，而且治安不好，小孩子幾乎都是必須親自接送或者送到安親班去，這不但花時間，更要花錢。養小孩變成了一件負債的事。

以前農業社會裡小孩是會計科目裡的資產，現在卻變成會計科目裡的負債，人們當然會精打細算。所以，現代的人都生的很少，一對夫妻幾乎都只是生一、二個小孩而已。

原來人們也會把投資的觀點，運用到生兒育女這種事情上來呀！

17、投資小孩2

阿明與玉倩是一對年輕的夫妻，他們與公婆、兄弟住在一起，住在嘉南平原的嘉義縣內。早年阿明的父親，把一塊較差的水田改建成一座四合院，四合院裡的房間都已經規劃好，以後兄弟成家後，誰住在哪一間都已經規劃清楚。所以阿明從小就知道自己結婚後，會住到那間房子去。

眼看三個哥哥都已經結婚生子，老大和老三婚後很快的就搬到外面去住，家裡只剩下老二和阿明。阿明的父親在阿明二十二歲退伍後，很快地就替他找了一位媳婦玉倩，而阿明和玉倩也不辱使命，三年內就替家裡生了兩個小孩。

「老婆！唉，剛才做的真舒服！」阿明赤裸著身體，從玉倩的身上滾了下來。

玉倩害羞地點點頭。

「叫你輕一點，萬一吵醒孩子，我就丟臉尷尬了。」玉倩說。

「哎呀！輕一點不過癮嘛！」阿明意猶未盡地回答道。

「死鬼！」玉倩捏了一下阿明的大腿。

阿明也道：「妳自己還不是『哈』的要死，否則怎麼會做的時候，叫的那麼大聲。」

玉倩驚訝地問道：「啊！剛才我叫的很大聲嗎？」

阿明笑著回答：「對呀！」

玉倩的臉都紅到耳根子了，說：「那真是羞死人了。不知阿爸和二哥他們會不會聽到？」

阿明笑笑說：「聽到有什麼關係，那表示我行呀！小孩子沒吵醒就好了。」

這時候玉倩也起身來，說道：「算了！反正做了就做了。好啦！趕快起來沖沖身體吧！」

倆人於是走進自己房間的浴室裡，沖了個澡。

阿明邊洗鴛鴦浴邊道：「玉倩，妳今天應該不會懷孕吧？」

玉倩回答：「不！今天是危險期，今天做的話，一定會生小孩的。」

阿明驚訝道：「啊！不會吧！」

玉倩肯定地道：「就是會！」

阿明有點後悔地道：「那妳還不事先跟我講，好讓我準備一下。」

玉倩過去抱著阿明，說道：「好老公，幹嘛事先講，那不是破壞你的興致了嗎？」

阿明道：「可是我們已經有兩個小孩了耶！」

玉倩說道：「那又怎樣？小孩是上天賜給我們的，我們有愈多表示福氣愈大。」

阿明道：「可是小孩長大總是要養呀！像二哥就聰明了，只生一個女兒悠哉、悠哉的。」

玉倩道：「阿明，你不要這麼想，養小孩就像是投資一樣，總是會有回報的。」

阿明說道：「現在還簡單些，小孩餵飽了就讓他待在院子裡的曬穀場玩，可是以後小孩長大了，什麼都得要花錢的。」

玉倩深情款款地說：「阿明，其實我覺得小孩子好像天使一樣，每次只要我心情煩悶，只要找小孩子聊聊天，很快我的心胸就會開朗起來，心情就會變得很輕鬆，而且我聽老一輩的人說，小孩子要投胎之前，自己都會帶糧食來，甚至有許多父母本來窮困潦倒的，就是有小孩出生後，運氣開始轉好，事業才開始興旺的，所以，我們不要把養小孩看做是負擔，應該把他們當做是我們人生的夥伴，才對！」

阿明聽了，點點頭說道：「經你這麼一說，我也覺得我也是很喜歡小孩子的。以前和二哥的女兒聊天的時候，就覺得世界上的事情，在她的眼裡好像都變得很單純。我以前覺得這是小孩子的天真，可是我這時候想一想，也覺得本來就是很單純的事情，只是被大人搞得複雜罷了，其實事情本來就是很簡單的。」

玉倩笑笑說：「後世人總有後世人的解決之道，我們就不要擔這麼多

的心，我覺得投資在小孩子的身上，是非常划算的事情，只要心情不好的時候，和他們聊聊天，心情馬上就會變的好起來，我想這就是最大的投資報酬。哈！哈啾！」玉倩這時候打了一個噴嚏。

「哎呀！你只顧得聊天，衣服都不穿，難怪會『哈啾』，還是趕快進到房子裡面吧。」阿明趕緊把玉倩帶回到房子去。用一件浴袍包了起來。

「哈！哈啾！」玉倩又打了一個噴嚏。

阿明趕緊倒了一杯熱開水給玉倩。

「謝謝！」玉倩接了過來，浴袍卻不小心滑了下來，無限春光又被阿明一覽無遺。

阿明邊飽覽春色邊道：「說實在的，今天真的是妳的危險期嗎？」

「對呀！」玉倩邊喝熱茶邊說。

阿明盯著玉倩的身材說道：「妳雖然生過兩個小孩，可是身材卻一點都沒變。」

玉倩把浴袍整理好後說道：「謝謝你的讚美！大色狼老公。」

阿明色咪咪地說：「既然今天是妳的危險期，而剛才我們又做過了，而且妳又那麼喜歡小孩子，那麼乾脆……」

「乾脆怎樣？」玉倩故意聽不懂的問道。

「乾脆再補妳一次，讓妳徹底的實踐願望吧！」阿明說完，把玉倩擁入懷裡，玉倩的浴袍又被扯下來了，兩人再度滾到床上去……

× × ×

阿明夫婦住在嘉南平原上寬廣的空間，自然對事情看法也是從樂觀處著眼。他們和上一篇的阿材夫婦看法不同，阿材夫婦帶小孩子帶的太累，他們算過，投資在小孩身上的報酬不划算，所以他們只生一個小孩就好。而阿明夫婦雖然也知道現在的社會養小孩是件不容易的事。但是，他們還是勇敢的投資下去。

因為在他們樂觀的天性裡，知道小孩帶給他們的，並不止於老年的寄託，還包括了馬上的回報，如同玉倩所說的：「小孩子好像天使一樣，每次只要心情不好，只要找小孩子聊聊天，很快的心胸就會開朗起來。」他

們並不把小孩當成完全不懂事的人在看待，反而當作是自己人生旅途中的伴侶，更像是一個人生導師。

老子道德經曾經說過：「人法天，天法道，道法自然。」人終究無法脫離自然，進而更要效法自然。而小孩子是最自然不過的「原型」人，什麼事他們都是憑直覺來判斷，這樣子反而容易一擲中的，找出問題的根本所在。這不但是玉倩的經驗，只要是當過父母的人，也多少會有這樣子的經驗。

阿明夫婦投資小孩子的觀點，在於從小孩的身上，得到一種安定的力量，而非是僅是養兒防老而已。這樣的報酬觀點，和阿材夫婦他們不同，所以，他們兩家的決定，就有天南地北的差異。

到底誰才是正確的投資判斷呢？說實在我也不知道，就套句孔子的話說，這是「大哉問！」讀者自己判斷吧！

18、投資不作空

一般的投資，無論是對生意的投資，或者是對個人生涯規劃的投資，亦或者是對藝術、古董的投資。可以說是完全沒有所謂的「作空」。「作空」這個名詞只存在於股市、期貨這類金融性衍生性商品交易上。因為不會有人說他認為這個藝術品不值這麼多的錢。所以，他在蘇富比拍賣會場上放空印象派大師莫內的畫。當然，這是不可能的事情，而且聽起來也非常可笑。

但是，這種聽起來覺得非常可笑的事情，在股市、期貨等金融性衍生性商品裡卻是行得通的。您只要不看好市場後市，您大可放空。以宇宙的定理來看，這絕對是不可能的事情，這只是人定的遊戲規則罷了。

在宇宙裡，不是有，就是無。不可能出現負數的東西。

例如說：我們只能說，人馬星座上，有個人馬星的恆星，如果它爆炸

了，我們只能說人馬星座上，沒有人馬星的恆星了。

卻不能說，人馬星座上少一顆恆星在上面，我們不能假設還有一顆恆星在，推論時可以這麼說，但實際上卻不能這麼認定，否則，滿天都可以設定是小星星了。道理就是這麼簡單。

但是，在股市、期貨裡，卻可以讓投資人可以賣不屬於自己的商品，也就是「作空」。用的方法就是「借」。

「借」的觀念也只有人類這種動物獨有，其實它是衍生於「假設有的狀況」，以至於才有「借」這個觀念出現。借股票來賣叫做作空，看壞期貨價格叫做放空。它們都是看壞價格時，所「借」出來的商品。但是，股票、期貨這兩個市場，卻不能脫離投資領域，而自成一格。它無法跳脫投資的領域，但是，人類卻在特有的思考裡，把「負數」這個觀念加進去，結果就變成可以賣不屬於自己的東西。

於是，股市裡開始有人作空，期貨裡開始有人放空，這些也都變成投機的行為，因為在賣不屬於自己的東西，絕對是在投機取巧。但是，根據

筆者幾十年的觀察裡，投機取巧者，最後往往都是大輸家。

想當然耳，哪有人可以賣不屬於自己的東西呢？就算是用借的，也得還人呀？這就是它的問題了，問題出在「必須還人」這個環節上，如果是賣自己的東西，賣掉就賣掉了，銀貨兩訖，交易後大家已無瓜葛。但是，放空者必須還「借來的商品」，等於是說交易的行為只是交易的開始，而且借來的東西有「期限」，時間到了必須還人，股價上漲過多叫軋空，也必須還人。

所以，萬一期限到了，價位還未下跌，把它還給別人，就一定會變成虧損，這等於是說這項投資是有時間限制的，可是有時限的投資就像是投資時被人掐著脖子走一樣，往往會被有心人設計。因為放空者在時間上是站不住腳的，買股票可以一擺數年，而放空卻必須在一年之內償還。

市場上，股價起起浮浮，本來就很難預料的，如果再加上有個波動，往往最受不了的就是當初向人借貸的人，不管是借錢或是借股票，只要是借就是擴張信用。君不見，只要經濟情況開始低迷，往往就是那些債台高

築的人，最先受不了。

自殺率升高，自殺者往往都是背負了一身債務的人，人在世上生活，若一天三餐只住個房子，其實是很容易解決的，但是，背負到債務就沒那麼容易脫身了，當沒法償還債務，一急之下，只好一死以尋求解脫，這對債權人和債務人都是最差的解決辦法。

作空雖不至於到這樣的地步，因為當初借商品時是有抵押金錢的。但是，在所難免的，只要步上作空的路子，金錢受損就是註定的。因為先天上，作空就是有陷阱在裡面，時間、價位被限制了。

投資領域裡，是沒有可以賣他人物品的事情，投資人一定要想通其中的關鍵才好。

19、轉戰其他市場

上文中說明，投資不作空。既然投資不能作空，那真的看壞股市時，該如何處理呢？我們仍然以簡單的例子，來作比喻。

如果釣魚人在一畝池塘裡釣魚，當魚兒不再上勾時，釣魚人往往就會收竿走人，如果下次再來釣魚時，又釣不到魚時，釣魚人可能走的速度又會快一些。如果一連來了幾次都釣不到魚，釣魚人可能就會放棄此地，轉而到其他地方去釣魚，不是嗎？貓捉老鼠，天經地義，一隻野貓以捉老鼠維生，牠勢必會在牠的勢力範圍之內，盡量的捉老鼠以滿足自己的溫飽，可是一旦老鼠不足時，貓咪怎麼辦，會活活餓死嗎？當然不會，貓還可以捉麻雀、小鳥甚至捉蚱蜢、蜻蜓來果腹，這就是貓為何活得很好的原因，因為牠不會讓自己空著肚子。

投資也是如此，本來投資金融股，獲利不錯，每年都有固定的股利。

但是曾幾何時，電子股開始變成市場主流，高科技市場獲利暴增，這時候投資高科技股，才會獲利。於是電子股開始成為有魚的池塘，金融股這畝池塘釣客都跑到電子股去了，也因此誕生了許多的「電子新貴」，這些人因為電子業而發達，包括業者以及投資者。但這股潮流終究還會結束的，釣客終究會因為投資電子股賺不到錢，而把資金轉移到其他類股去的。到時候，就只剩下業者在做垂死掙扎，讀者不要以為這是不可能的。

現在上市的一些傳統產業股，以前也是有過輝煌的業績，所以，當時才能符合證管會的規定，得以公開發行，但曾幾何時，已經淪落為夕陽產業，投資的資金都已經抽走了，只剩下業者和工作人員在辛勤的工作，筆者就見過傳統產業堂堂的上市公司，在台北辦公室卻只有棲身在陋巷間，簡單的鐵皮屋內，真是情何以堪。

道理就是這麼簡單，筆者曾經在空頭市場時，向一位上市的老闆說過一句名言——「資本家不做空」。事實上，只要是投資人就都是資本家，資本家就是釣客，釣客會隨著魚群移動而移動他們的步伐，不會停留在沒

魚的水塘釣魚。就像是資金會隨著新興的市場而把資金移動進去一樣。

但是，魚池釣不到魚時，釣客不會費力氣到把水池水都抽乾，捉光所有的魚一樣，就像市場沒落時，資本家只會把資金抽離，卻不會殘忍的再返頭做空向操作。一般多空都做的投資人，一定不是資金雄厚的投資人，兩頭都想要賺的投機者，更容易兩頭都賺不到。

所以，身為資本家，最適合的辦法，就是當哪一類股強勢時，就投資哪一類股，當該類股轉弱時，就抽離資金，轉而尋找其他類股，當所有的類股都轉弱時，就應該離開股市，尋找其他投資管道，而不是待在那裡作空。就如同釣客在水裡釣不到魚時，他不會把魚鉤甩上天空，想在天空中釣魚一樣。他一定是收起魚竿，換到別處去釣，也像貓咪一樣，老鼠捉光了，麻雀也不錯，正肥的蚱蜢也可以果果腹，唯一的原則就是別讓自己吃眼前虧了。

這正是所謂「樹挪死，人挪活」的道理，投資也必須要愈挪，潛在利潤才會愈活。

20、菲傭記

常常聽有人說，要做好「人生規劃」，人的一生若是可以規劃，那一切就都簡單多了，不是嗎？可惜人的一生變化無常，可能從階下囚變為一國總統，如韓國金大中、寮國翁山蘇姬、南非曼德拉。或者平常些從富人變成窮人，君不見，見他樓起了，見他樓塌了，一切都是無法規劃的。

但是，在無法規劃的人生中，其實也有些原則必須掌握住，才不至於隨波逐流，無所適從。

× × ×

瑪莉亞從小就生長在菲律賓的呂宋島，島上人民和善，父親經營一間寶石礦產公司，所以，瑪莉亞從小就是與寶石一起長大。雖然菲律賓不是一個富有的國家，但是，由於父親經營的寶石礦產稍具規模，產出的寶石品質又佳，所以，瑪莉亞的父親在呂宋島上算得上是個富有人。

瑪莉亞七歲的那一年，她被父親送到美國在當地開辦的學校就讀，由於是就讀美國學校，使得她後來說得一口標準的美語，當時她的家傭人至少十幾個人，父親也常忙於他自己的生意，極少顧到她的生活。瑪莉亞就在這種環境之下長大。

可惜好景不常，瑪莉亞二十歲那一年，菲律賓發生小叛亂，父親不幸地被叛軍槍決，叛軍還搶奪了她家所有的財產。瑪莉亞和母親與兩位弟弟聞訊，躲到呂宋島北邊的一個小島上，所幸沒被叛軍捉到。雖然人是躲過一劫，但是，她家庭卻從此變成赤貧，家裡只能依靠她一人在外教英文維持生計。

這天瑪莉亞經過一天疲憊的教學從學校走路回家，途中經過了一家商行，瑪莉亞看見外面排滿了人群，瑪莉亞也好奇的向前驅進，找了一個正在排隊的少女問道：

「這裡面是在作什麼？怎麼會有這麼多的人在排隊？」

少女回答道：「妳不知道呀！我們都是要到海外打工的。」

瑪莉亞又問那少女道：「海外打工好賺嗎？」

少女回答道：「聽說一個月至少一萬一千元的比索（當時台幣與菲國比索的比例為1：0.7），我天天在這裡工廠上班，一個月只有一千三百元的比索，妳說哪個比較好賺。」

少女又前進了一些，引領向前望去，排出來的長龍，仍然不減。

瑪莉亞心裡想：「我一個月的月俸不過二千元比索，如果那少女出外打工，二個月的工資，就等於我一年的薪俸了。」

瑪莉亞心裡愈想愈覺得自己也應該出外闖闖。但是，看到排隊的長龍不免氣餒，照這樣看來，就算今天馬上排隊，大概也輪不到她了。

瑪莉亞回家後，與母親商量起來。

「母親，我們的村子最近在招海外女工，薪水大概是我現在的六倍。自從父親死後，我們家就一直過著窮困的日子，我也想出國去當女工，把賺的錢寄回來，也可以改善我們家的生活。您覺得怎樣。」

瑪莉亞的母親回答道：「可是妳父親花了那麼多的心血，栽培妳讀完

大學。妳卻只是當個女工，不是太可惜了嗎？」

瑪莉亞堅決的搖搖頭，回答道：

「母親，書讀多跟賺錢沒有關係，您不要以為做個海外女工就是件容易的事情，不能跟外國人溝通還是不行的，至少我的外語還不錯，我想我比較有機會。」

瑪莉亞的母親無奈地道：「好吧！妳自己要保重身體。」

瑪莉亞的母親知道不能阻擋住瑪莉亞的決心，不禁眼框含著淚水。

隔天，瑪莉亞託人向學校請假一天，一大早就到昨天那個商行去排隊報告。才早晨七點鐘，隊伍已經排到外面繞一圈了，瑪莉亞趕緊快步前去排隊。

「咦！妳不是昨天那個老師嗎？」門口有位少女向瑪莉亞打招呼。

瑪莉亞一看，原來是昨天她詢問的那位女生。

「妳昨天也沒有排到嗎？」瑪莉亞邊問邊插隊到那少女的後面，大家看他們認識也沒人出聲。

少女回答道：「對！昨天太晚來了，還沒排到我就結束了，所以今天早點來。」

「不知道是到哪裡去做女工！」瑪莉亞問道。

「好像是香港，或是台灣吧！」少女說。

「喔！」

兩人有一搭沒一搭的聊聊。商行的人一直到八點三十分才開始應徵工作。

「會不會英文、中國話、廣東話？」商行的人先問應徵的人第一句。第一個排隊的搖搖頭。

「妳不適合，下一位！」

一連七、八個都搖頭，也都被刷下來，有的機警的說會，就會被另一個人用英文問話，聽不懂的也被刷下來，到了瑪莉亞。

「會不會英文、或者中國話？」商行的人問。

「會英文，我是教英文的老師。」瑪莉亞回答。

「fine！」另一個商行的人，開始用英文問瑪莉亞，瑪莉亞也對答如流。

「不錯！妳被錄用了，先交三萬元比索。」商行的人說。

瑪莉亞驚訝回答道：「我沒有三萬元，我不知道要先繳錢呀！」

「沒有也沒關係，從妳的前三個月薪水裡扣，知道嗎？」

「謝謝你！」瑪莉亞感激地說。

商行的人只是揮揮手，示意她趕快離開。瑪莉亞若有所失的離開了，但是，想到能賺現在六倍的金錢，她覺得不管怎麼樣也該去闖一闖。

手續很快就辦好了，瑪莉亞簽下一張三萬元比索的欠條，由商行代辦出國手續，她成為一位菲傭。她被商行分派到台灣，照顧一位年老的老太太。這對瑪莉亞來說，算得上是一件新鮮的工作，老太太不僅大小便無法自主，而且連耳朵也重聽。

瑪莉亞開始的那幾天，幾乎天天都是睡眠不足，但想到家鄉的母親和兩個年幼的弟弟，她還是忍耐了下來。漸漸地，她覺得這位行動不便的老太太愈來愈好照顧，雖然要二十四小時在照顧著，但只要配合得上老太太的作息，調配自己的時間，自己仍然有很多時間可以運用。

時間一個月、二個月過去了，瑪莉亞對於照顧老太太的事情，已經駕輕就熟。有一天，男主人白天從辦公室回來，坐在客廳上，鑑賞著一包他帶回來的珠寶。

「這顆翡翠真是翠綠！」男主人用聶子夾著一個半枚一元硬幣大小的寶石說。

瑪莉亞正在旁邊照顧著老太太吃飯。聞聲不免轉個頭過去看看。她忍不住說：「那顆寶石不是翡翠，是祖母綠。」

男主人好奇地問道：「咦！妳怎麼分辨得出來。」

瑪莉亞說道：「祖母綠比較亮，綠的比較艷。翡翠硬度比較軟，光澤比較差，它們產地也不同。」

「真怪！妳怎麼都懂得！」男主人好奇地說。

瑪莉亞笑笑並不回答。

「那妳再來看看這兩顆鑽石，哪個比較好！」

男主人再拿出兩顆大小一樣的裸鑽來，擺在桌上。瑪莉亞只好放下手上的工作，走過去，很熟練地拿起放在桌上專看珠寶的放大鏡，把它戴在眼睛上，然後用鑷子夾起桌上的鑽石，看了一會兒。

瑪莉亞說道：「這顆比較好，雖然裡面有些雜質，但是，折射度比較佳。另一顆雖然透光度較佳，卻是人造鑽石，價格差很多。」

瑪莉亞說完放下手上的鑽石，這時候男主人一付不可置信的表情。

男主人道：「瑪莉亞妳的英文好，我是知道，沒想到妳對珠寶的知識更豐富，來來來！妳再看看這些。」

男主人又拿出許多的裸鑽給瑪莉亞鑑定，瑪莉亞也都一一看過，並且正確評斷其中的優缺。男主人驚訝瑪莉亞甚至比他自己還更為專業。

男主人道：「瑪莉亞妳為何會懂得這麼多呢？」

瑪莉亞回答道：「我父親以前是開礦石的，所以，多少懂得一些。」

男主人問道：「那妳父親人呢？」

瑪莉亞淡淡地回答道：「已經死了！」

男主人恍然大悟道：「喔！對了！要不是如此，妳父親的鑑賞功力應該更高才對，妳也不用替人幫傭了。」

瑪莉亞不置可否，又跑回去餵老太太吃飯，男主人坐在沙發上，倒是想到了一個主意。

又過了一個月，瑪莉亞終於從男主人手上接過了薪水，高興地都快要哭出來了。

男主人看到瑪莉亞的表情於是問道：「妳為何如此高興呢？」

瑪莉亞回答道：「因為我再把這次的錢寄回去，我就還完仲介商行的錢了，媽媽弟弟他們，再來就可以過些較好日子。」

男主人問道：「那妳還想不想多賺一些錢呢？」

瑪莉亞說：「當然想！不過我一天二十四小時都已經在照顧老太太，怎麼還會有多餘的時間，賺別的錢呢？」

男主人說道：「我的店裡頭現在正缺一位珠寶鑑定師，我看妳的功力

比我高，再稍加訓練一下，就可以當鑑定師了，不如到店裡頭來做吧。」

「可是……」瑪莉亞用手指了指老太太。

男主人說道：「沒關係！我再請人照顧就好了。」

瑪莉亞又問道：「那薪水會不會比這裡多。」

男主人笑笑道：「我不但給妳原來的薪水，還加一倍給妳，妳一個月可以拿三萬四千元新台幣。」

瑪莉亞聽到這個金額，已經說不出話來，只是猛點頭。

就這樣，瑪莉亞以菲傭之姿，搖身一變，成為台灣的珠寶鑑定師，加上其流利的英語，還幫男主人成功地開拓歐美的市場，男主人已經把她視為不可或缺的幫手了。而今的瑪莉亞仍在台北南京東路上，某一家珠寶店內工作，各位若有機會經過那裡，看到一位手拿著珠寶的菲傭，千萬不要懷疑她的珠寶鑑定能力呦！

× × ×

人生起起伏伏，能一帆風順的人畢竟不多，大部分的人都和瑪莉亞一

樣，有高潮也有低潮。但是，重要的是，不要看你失去什麼，而是要看你還有些什麼，投資也是如此。

瑪莉亞在小村莊裡，就只能靠教英文維生，那她就運用她的英文能力維生。一旦她知道出國靠勞力賺的錢，比她教英文更多時，她就毫不介意地當個看護女工。而當她的能力在台灣被發掘之後，她也絕不放棄這個可以賺更多錢的機會。

這乃是因為她是要「裡子」的人，她的母親和兩個弟弟必須要靠她的「裡子」才能過活，她了解「裡子」的重要大於面子。

人只有被環境逼迫時，才會真正發掘出自己潛在的能力出來。

21、斷尾求生

生物界的事情很奇妙，各種生物之所以能夠在演化的淘汰賽中，生存下來。必定是有它們過人之處。

× × ×

以前小時候，自己養了一隻非常可愛的小貓咪，個性活潑、好動、又肯與人互動，真是我兒時的好夥伴。

有一天，牠看見了牆壁的高處，爬來了一隻壁虎，牠站在牆角上，興奮地抖動尾巴，「喵！喵」大叫。牆壁上的壁虎，覺得小貓捉不到它，仍然悠哉、悠哉地留在牆上，不為所動。那小貓怕壁虎跑掉，心急的跳上去用爪搆它，當然是搆不到，只惹得自己尾巴豎得更高，整個身體興奮地抖動著。

這時候的牠發現我在一旁觀察它們的舉動，小貓咪竟然會向我示意，

先看我一下，然後再看牆壁上的壁虎，同樣的動作來回做了好幾次，然後再向我「喵！喵」大叫。明眼人一看也知道，牠想叫我幫牠的忙，我於是走到牆角旁，把牠放在我的肩膀上，高高地托起，貓咪這時候更是大為興奮，「喵！喵」叫的更大聲。

但是，托在我的肩膀上，仍然是不夠高的，貓咪依然搆不到壁虎，壁虎依然悠哉、悠哉地停留在原地不動。

於是我又想了一個辦法，拿起了身旁的凳子，把貓咪放在凳子上面，然後把凳子高高舉起來！這下子夠高了，小貓雖然站在凳子上面顫顫危危的，仍然興奮地抖動自己的尾巴。可是這樣子，還是不能直接搆到壁虎。小貓這下子不管三七二十一了，站在凳子上用力一躍，以六十度的角度，躍向牆壁上的壁虎。這樣子的舉動，可把我嚇了一大跳，趕緊丟下凳子跑去接掉下來的小貓咪。

結果，就在千鈞一髮之際，我剛好接住了掉下來的小貓咪，之後馬上就聽到一聲巨響「碰！」凳子摔在地上，我和小貓咪同時都被巨響嚇了一

大跳。

不過，小貓咪不辱使命，爪子勾到了一個活蹦亂跳的東西，我定眼一看，原來是一條壁虎的斷尾，斷尾仍然極盡挑逗的在搖擺著，壁虎本身卻已經不知道逃到哪裡去了?貓咪趴在地上，得意地玩耍那條斷尾，我卻若有所思的看著牠在玩耍。

當時的我，並沒有體會出什麼大道理出來，只是覺得剛發生的事情，太過震驚。到現在我才體會到當時真正的意義。壁虎之所以會斷尾求生，在於它本身身體就有這樣的機制，一旦遇到危機時，就會自動啟動。雖讓自己受傷，卻可以吸引獵物的注意，自己趁機逃跑，這是一種成功演化的關鍵。

而小貓奮不顧身的撲向獵物，看似童心十足，但是，這也是牠們貓科動物演化的結果。

以前看過一片動物紀錄片，裡面紀錄了獅子獵食的經過，有一次獅子捕捉到一隻非洲水牛，牠牙齒緊緊的咬住水牛的脖子，而水牛疼痛之下用

力一揚，竟然能把獅子的身體給揚了起來，用牛角不偏不倚的刺穿了獅子的前胸，這真是慘烈的一刻。後來趕到的獅群，三兩下就把倒在地上的水牛給咬死了。可是那隻被刺穿身體的獅子，卻也已經死了。但是，至始至終牠都沒放鬆牠的牙齒，仍然緊緊的咬著沒放鬆，雖然牠死了，卻依然沒放鬆獵物。這就是貓科動物演化的結果，本能告訴他們，狩獵時必須全力以赴，因為有這樣子的本能，才使得它們得以生存下來，獅子至死都沒放開水牛，嘴巴仍緊咬著水牛的脖子。

而我當時會毫不猶豫地丟下凳子去接掉下來的小貓咪，也是一種直覺的反應，我的心底在千分之一秒中，已經計算過孰輕孰重，然後很直覺的作出反應。我們三者都表現出我們演化中的成功因子，在重要的時刻，「捨棄」的重要性。

× × ×

人們在投資的時候，有時候也必須面臨到捨棄的問題，所謂「人無千日好，花無百日紅」，當遇到投資虧損時，「停損」就變成必須要做的功

課了。

一般人，投資前心裡都先有一個崇景，並且夢想這個崇景很快就會實現，如同小貓撲壁虎、獅子撲水牛一樣，可是遇到虧損時，許多人反而不知如何應對，因為自己從來沒設想過失敗的劇本。這時若能發揮壁虎斷尾求生的精神，把這樣的情況，當作只是多繞一下遠路，相信很快就能讓自己脫離套牢的窘況。

22、資訊等於財富

二〇〇一年的諾貝爾獎經濟學得主是四位英國學人，他們以「資訊不對稱」理論，獲得了大獎。

他們主要在詮釋世界的財富已由原本的工作取得轉變為資訊的取得。以前只要工作量大，成果多，財富就會累積，但是，現在只要誰能取得資訊愈多，他就愈容易富有。

這個理論說的真好，等於把財富的定義從新詮釋過，以往只要努力的工作，必定會慢慢的累積財富，但是現在的社會，物質已充分供應，往往形成過多的物資，此時反而會使物價下跌，而台灣又參加世界經貿組織WTO，貨物流動性更強，物價要上漲的可能性就更低了。

所以，靠大量生產而賺到財富的可能性就愈來愈低，代之而起就是靠資訊的取得，人雖然無法知道未來，但他可以收集資訊，愈多的資訊，作

為判斷的參考，就會愈準確。以前有句話說「知識就是力量」，現在知識只是基礎而已，應該改為「資訊就是力量」，誰掌握資訊，誰就是投資界的明日霸主。

例如：美國九一一事件的禍首，賓拉登。他在發動九一一事件之前，就在美國華爾街市場，大放空單，等到九一一事件發生之後，他就獲利回補，雖然他的手法卑鄙，但是證明了上述的理論，因為他知道這項資訊，所以他投資獲利。

又例如國際炒家索羅斯，他分析印尼國家的金融不健全，過度膨脹，又知道自己的資金充足，足以玩垮這個國家。所以，他就先用旗下基金的資金把股市炒高，再回頭放空股市，使得印尼國家的經濟發生膨脹後的斷層，經濟果真一落千丈。也讓亞洲金融市場波及到前所未有的震盪，產生了亞洲金融風暴。因為索羅斯就是知道，自己與印尼兩者的資訊，才能以一己之力，玩垮一個國家的經濟。

所以，資訊的取得，將是二十一世紀投資者最為重要的功課。資訊取

得愈多，就表示他愈能掌控金錢的流向，資訊取得愈少，就愈容易投資失利。如同日本電視裡有位「盲劍客」一樣，亂揮舞刀，而不易傷到別人。以前有所謂「聽君一席話，勝讀十年書」，一席話就是如同現在的一個資訊，現在應該改為，「一個資訊，勝於十年的勞動」。

資訊實在太重要了，投資想要賺錢，資訊的費用千萬不能夠節省。

23、原來我家還有別的東西在住

許多事情的形成，若只看表面功夫，常常會把事情簡單化，可是太深入去探討，又會讓自己迷失在其中，而失去它的本質意義。對於是否要深入探討，拿捏之間，往往是極為微妙的。

× × ×

在自己把工作內容稍做調整之後，以往七點四十分到公司上班的壓迫感已經解除，早晨開車送太太、小孩上班、上學後，自己要不要去公司，得看今天是否有重要事要做。

若成交量大、股價上揚，肯定自己必須在公司裡操盤。但是，若股市成交量不大，股價下滑，自己若已先行避開的話，肯定沒什麼重要事情。這天索性就去別的地方，有時候趕趕稿子，有時候收集一些資料，看似輕鬆的生活，反而自己內心對自己有很嚴格的要求。

有一陣子，股價下滑、成交量萎縮，明眼人一看，立刻知道股市不能玩。所以，把家人都打發去上班上學之後，實在想不到有哪些事情可做，於是慣性使然之下，下意識地又把車子開回位在天母的家中。平常好不熱鬧的巷子，上班時間安靜地像一座空城一樣，家裡是公寓房子，位於公園旁邊，綠意盎然。今天特別感受得到那份寧靜，寧靜到有些詭異的氣氛。「沒有人氣的巷子」只能找到這句話來形容當時的感覺。

我倒還不覺得有其他異樣之處，除了寧靜的離譜之外。整條巷子竟然聽不到任何一句人聲或者車聲。我依然在慣性的指使之下，爬上了樓梯，開了門走進了自己的房子。一回到家中，許多的瑣事就一湧而上，一一爬上自己的心頭。

「好吧！先把碗給洗一洗吧！」心裡惦記著。

洗完碗後，又看到後陽台的衣服尚未晾曬。

「也把衣服洗一洗，曬一曬吧！」心裡響起了這句話。

衣服不少，要全部曬完得花上一些時間，反正還沒想到做什麼事情，

就慢慢曬吧！

就在我在後陽台曬衣服的時候，前陽台清清楚楚地傳來一陣「滴滴咚咚」的聲音。

彷彿是有人在敲擊塑膠製品的聲音，這時候的我，也不覺得害怕，靜靜地從後陽台經過飯廳、客廳走到前陽台來看看。

「咦！一點東西也沒有呀！怎麼會有聲音呢？」

自己正納悶著，把紗門打開一個縫，頭伸出去看個清楚，這時候若有利刃從上而下的話，肯定自己會人頭落地，心裡想到這裡，不禁也毛了起來。戰戰兢兢地東張西望之後，並沒有發現異樣之處，趕緊把頭伸回來。

「大概是自己多心了吧！」心裡這麼想。

沒發現什麼事情，又跑到後陽台去完成我未做完的工作。不過，衣服才晾到第二件時，又清楚的聽到

「咚！咚！咚！」的聲音。

這次又在前陽台清楚的響了起來。這時候，我已經開始覺得有些毛骨

悚然，「咚！咚！咚！」的聲音仍然在持續著，而且愈來愈大聲，還伴隨著其他溙溙嚓嚓的雜音，似乎沒有要停止的意思。

此時在寂靜的屋子裡，這樣的聲響讓人倍覺恐懼。這時候自己雖然心裡害怕至極，但是，仍然得行動，只得探頭探腦、放輕腳步的走到客廳旁邊觀望，不知道是不是緊張過度，還是為了壯膽，本來要晾的衣服，這時候卻仍然拿在手上。

就這樣兩手拿著一件濕衣服，膽顫心驚一步一步的走向陽台邊，伸長了脖子隔著紗門向陽台外面瞧去。

這時候突然「轟！」一聲響聲響起，在寧靜的巷子中，我家的陽台陸續傳出一陣聲響。

我被這突來的聲響嚇了一跳，倒退了一大步，濕衣服不自覺的丟在地上。等到自己心裡穩定後，再伸長脖子定眼向陽台望去，這時候，才發現原來只是一群痲雀，大概有二十來隻吧！一看到我來，一哄而散，行成了一陣聲響。

「哈！哈！原來是麻雀。」

原本是緊繃的心裡，釋懷了許多。終於真相大白了，這時候才發現自己手上的濕衣服已經躺在客廳的地板上了。

奇怪，我從來不知道我們家前陽台曾有過這麼多的麻雀，看來它們都是利用人不在的時候，到陽台的花盆裡撿些花果來吃吧。

原來這間屋子，還有這樣子的功用，直到今天我又更深的了解，原以為自己是屋子的主人，看來麻雀的勢力眾多，更可以稱得上是這間屋子主人。這也讓我了解，萬物無時不在運轉的道理。

後來我跟這群麻雀變成了好朋友，有時候還會故意擺一些白米粒在陽台上，只要我不打開紗門，人在客廳裡看，麻雀們絕對不會介意我的觀望的，大膽的啄食米粒，這又讓我體會到，人在寧靜時只坐著看麻雀搶食米粒，也是一種快樂，一種單純又滿足的快樂。

× × ×

這個事件讓我可以衍生到投資的領域裡，投資朋友投資股市不也是如

此嗎？看似簡單的交易行為，彷佛是你和市場在互動，其實這些都是全台灣所有的投資人，同一時間在交易，所產生出來的結果。有多少人在此時此刻做判斷，絕對不是我們看到大盤或者個股在上漲或下跌這麼簡單，就如同我家並不是只有我家人在使用一樣。

任何的人，在股市上面都是渺小的。因為再怎麼強的投資機構，也只是佔其中一部份的交易行為而已。所以，在股市中千萬不可以只顧及自己的想法，而忽略其他力量的存在。如同我認為我家只有我家人在住，這麼簡單的思維。

24、心術

宋朝出了三位大書法家，是父子三人，人稱「三蘇」，蘇洵、蘇軾、蘇澈，父親蘇洵早年荒唐，自恃文才過人，四處招搖，不學無術。後來被他人挫其銳氣，痛定思痛之後閉門苦讀，二子蘇軾、蘇澈也有樣學樣，後來終於一門三進士，三人都位居宋朝高官。

三人更是寫得一手好書法，蘇軾、蘇澈兩人已經大大有名，我們來談談蘇洵這個人，蘇洵筆下有節氣，論點常有獨特見解，我們今天借用其一篇論述《心術》，來古今對照一番，他的某些觀點至今仍是很好的投資法則，其全文如下。

為將之道，當先治心。泰山崩於前而色不變，麋鹿興於左而目不瞬，然後可以制利害，可以待敵。

凡兵上義，不義雖利勿動。非一動之為利害，而他日將有所不可措手

足也。夫惟義可以怒士，士以義怒，可與百戰。

凡戰之道，未戰養其財，將戰養其力，既戰養其心。謹烽燧，嚴斥堠，使耕者無所顧忌，所以養其財。豐犒而優游之，所以養力。小勝益急，小挫益厲，所以養其氣。用人不盡其所欲為，所以養其心。故士常蓄其怒、懷其欲而不盡。怒不盡則有餘勇，欲不盡則有餘貪。故雖并天下，而士不厭兵。此黃帝之所以七十戰而兵不殆也。不養其心，一戰而勝，不可用矣。

凡將欲智而嚴，凡士欲愚。智則不可測，嚴則不可犯，故士皆委己而聽命，夫安得不愚？夫惟士愚，而後可與之皆死。凡兵之動，知敵之主，知敵之將，而後可以動於險。鄧艾縋兵於蜀中，非劉禪之庸，則百萬之師可以坐縛；彼固有所侮而動也。故古之賢將，能以兵嘗敵，而又以敵自嘗，故去就可以決。

凡主將之道，知理而後可以舉兵，知勢而後可以加兵，知節而後可以用兵。知理則不屈，知勢則不沮，知節則不窮。見小利不動，見小患不避

；小利小患，不足以辱吾技也。夫然後有以支大利大患。夫惟養技而自愛者，無敵於天下。故一忍可以支百勇，一靜可以制百動。

兵有長短，敵我一也。敢問：「吾之所長，吾出而用之，彼將不與吾校；吾之所短，吾蔽而置之，彼將強與吾角；奈何？」曰：「吾之所短，吾抗而暴之，使之疑而卻；吾之所長，吾陰而養之，使之狎而墮其中；此用長短之術也。」

善用兵者，使之無所顧，有所恃。無所顧，則知死之不足惜；有所恃，則知不至於必敗。

尺箠當猛虎，奮呼而操擊；徒手遇蜥蜴，變色而卻步；人之情也。知此者，可以將矣。袒裼而案劍，則烏獲不敢逼；冠冑衣甲，據兵而寢，則童子彎弓殺之矣。

故善用兵者，以形固。夫能以形固，則力有餘矣。

這篇是講用兵之道，其主要意思乃在於心的鍛鍊，跟我提倡「投資心態正確」不謀而合。都是看重最重要部分，然後其他都是小事。

文中說「凡將欲智而嚴，凡士欲愚。智則不可測，嚴則不可犯，故士皆委己而聽命，夫安得不愚？夫惟士愚，而後可與之皆死。」已經明白表示士兵是要愚的，唯有愚的，才會愚忠，才會奮勇殺敵，至死不移。而將則是要智，唯有智才能布陣、領軍、知進退。

在宋朝就敢這麼明目張膽的指出帶兵之道的人，大概唯有蘇洵吧！現代就算是我們的五星上將，大概也不敢如此囂張。或許有囂張者，但是，也沒有蘇洵獨到見解吧！

這個論點就像我所說的「順勢與停損」，順勢就是「凡將欲智」，智者才會順勢，愚者則逆勢，故順勢如同領軍者的智慧，什麼仗該打，什麼仗該退，心裡一清二楚。而停損就是「凡士欲愚」，停損是損失的一種，不管怎樣它已經是損失了，只是讓它減少一點而已，如同士兵要愚，一個命令一個動作，至死都不知道自己在做些什麼事情，這才能達成上級交代的任務，如同停損，雖然損失，但是還是必須去做，這樣才能棄車保帥，留得青山在。

又文中：兵有長短，敵我一也。敢問：「吾之所長，吾出而用之，彼將不與吾校；吾之所短，吾蔽而置之，彼將強與吾角；奈何？」曰：「吾之所短，吾抗而暴之，使之疑而卻；吾之所長，吾陰而養之，使之狎而墮其中；此用長短之術也。」

這段是用兵佈局的策略，意思是隱蔽優點，讓敵人來攻，曝露缺點，讓敵人以為厲害處而不敢攻。我則不敢苟同，若是策略偶而為之，無有不可。但是，常態如此的話，必會讓他人看出破綻，進而滅亡。

我的投資策略裡，反而強調，要不斷的強調優點、強化獲利，因為弱點大家都有，只是看自己能否發揮優勢，彌補缺點罷了。

例如，十項全能的選手，我們稱之為鐵人，他們個個體能充沛，體態優美，但是，若比單項而言，撐竿跳不如「前蘇聯鳥人」布卡，跳遠不如「美國劉易士」，十項裡沒有一項能贏過該單項的選手紀錄的，這就是求之均衡，則失之優勢。

所以，我在投資裡不斷地強調，要不斷的貪婪，投資得到好處以後，要更貪婪的去加碼，因為投資很難找到獲利，一旦有獲利，一定要不斷地去佔有，如同一有優勢，就要不斷地去強調一樣，而把缺點擺在一旁，盡量用優勢取代缺點所造成的損失，得一百而失一、二，又有何妨呢？可是一旦情勢逆轉之後，就要如同驚弓之鳥一樣，遠離災禍，停損如同避禍，這才是我所建議的投資「明哲保身」之道。

以書為友，如同以古人為友，如同我練太極拳時，以古人為師，以大陸、台灣名師為友，博覽群書之後，終窺得太極精髓，古人也有很好的見地，我們只要活用觀念，常常能一法通而百法通矣。

25、橋牌VS圍棋

我的橋牌一直打不好，高中時參加橋牌社，也一直打不好，後來等到大嫂嫁入家門之後，有一次跟她打橋牌，終於開啟了我的另外一種思維。當然那次玩橋牌，也是全盤皆輸。

後來她跟我說：「阿弟！玩橋牌不是像你這樣子玩，是有訣竅的。」

「什麼訣竅？」

大嫂說：「玩所有的牌都是一樣，首先，一定要學會記牌。要記住自己的牌，還有對方打過的牌，像你這樣只懂得把牌組合到最好的狀態，是打不贏高手的。」

「原來是這樣子呀！」

就是這一句話，開啟了我橋牌的另一種思維，以前只會把牌組合到最佳狀態，然後侍機而動。別人看破我的手腳，就會故意不按牌理出牌，打

亂我的組合。所以，一直打不好橋牌。

但是，經過我大嫂這麼一指點，恍然大悟，開始學會記住別人的牌，一開始只能記住大牌，小牌沒辦法記住，後來得心應手以後，慢慢的小牌也可以記住。到後來，甚至於整局的打法，都能輕易記住，最後，已經練到能記住幾十局的打法。這樣一來，就能夠很輕易地，從對手的歷史軌跡中知道他的思維模式。就這樣，我的橋牌功力也算是有點成績。

從一些報章上得知，曹興誠、金庸等人都是很喜歡玩圍棋的人。圍棋也是可以鍛鍊一個人的推理能力，這就是為何往往下一子要花費許多的時間思考。

其實，他們已經在棋盤上模擬雙方可能的下法，所以花費了許久的時間，一旦對方下的與自己所想的不同，就必須從新思考許久的時間。

它也是一種訓練人推理能力很好的工具，但是，有一個奇怪的現象，就是橋牌好的人，往往並不會圍棋，圍棋好的人，精通橋牌的人也不多。這點其實可以解釋出來的。

雖然兩種遊戲都是計算對方的籌碼，撲克牌是固定五二張牌，而且張張都有大小之分。圍棋方面，對方卻和自己一樣多籌碼，只是看對方怎麼使用而已，撲克牌是一分完牌，就已經判別出雙方的優劣勢了。但是，圍棋一開始雙方絕對公平，只重視後來兩人的走勢。所以，兩種遊戲，雖然都是鍛鍊人類的推理能力。但是，卻讓人思考導向完全不同類型。

習慣橋牌的人，打麻將會不錯，他們都精於順勢，計算自己及對方的牌。習慣圍棋的人，就會比較喜歡預測，因為籌碼無法計算，趨勢也必須交手後才會展現，他們比較像是企業家，喜歡預測未來的走勢，以及符合潮流，推出應時商品。

橋牌手與圍棋手若相比較，橋牌手就比較像是投資家，圍棋手比較像是企業家，真正的投資家，最好應該兩者都兼顧，應該研判趨勢以及計算籌碼。但是，實際操作應該像橋牌手一樣，用計算籌碼的手段，來達到研判趨勢的目的。計算籌碼的方法，沒辦法確實知道對手下一步會怎麼走，但是，卻可以知道對手還剩下幾種組合而已，拿捏起來，終究會比預估趨

勢者，準確一點。

但是，投資不像玩橋牌，橋牌下過的牌不能再下，投資卻可以再加碼下，或者抽離資金。所以才說，在投資領域裡，今日的盟友，可能就是明日的敵人，自己也可能成為別人的盟友或是敵人。

以買賣股票為例，今日一起買進的人，若你明天仍然繼續要買進，他可能變成你的敵人，他可能會把股票倒給你。但是，他也可能跟你一樣加碼或者抱著不動，至於為何會有如此的變化，筆者還是覺得是因為「眾志成城」的關係，只要大多數人認同了，趨勢也會跟人氣走。所以，股市的投資，千萬不可以有先入為主的觀念，更不可預測走勢，最多只能順勢操作而已。

26、投資的目的

以前當證券經理人的時候，因為職務需要，常常必須對外招收新人，尤其是內勤人員更是常常異動。但是，由於工作內容並不複雜。所以，只要有一定的學歷，就可以勝任有餘。

記得有一次公司欠缺一位輸入委託單的人，對外張貼徵人啟事之後，就有些人前來應徵。

每一個應徵人員，照例我都會問他們一個問題。問題是「你來這上班的目的是什麼？」這個問題沒有標準答案，有時候依情況的不同，就會有不同的答案，如果是業務人員，一般都傾向「我想賺大錢」等有衝勁的答案。而像這次應徵輸入委託單人員，我就不希望他們會有積極性的回答。大部分都是回答「有興趣在證券業，想進來試試。」「工作方便」等。

這次前來應徵的人數頗多，年紀大小都有，歸納一下，可以得到以下的答案。年紀較大的人，回答大都會像是「工作地點近」、「時間較短」、「接小孩方便」，甚至有人回答「晚上還可以兼差」。其實，他們共同的答案就是：為了生活才來此工作。

而年紀較輕的人，尤其是尚未結婚、剛畢業的小女生，她們的答案，可能就偏向「以後有機會當營業員」、「自己有個工作，家裡的人才不會唸」、「賺點錢可以買手機、出國旅遊」等等。她們的答案跟年紀大的人完全不同，他們認為工作只是為了達到目標的一個手段而已，而不是真正用心在這份職務上發展。她們也是為理想而來工作的。不過這「理想」可能是以後當營業員，或者只是一只手機而已。

其實，這問題與他們的工作能力無關，有人可以心不在焉卻把事情做得很好，有人兢兢業業卻常把事情搞砸。但是，這問題卻告訴我們一個很有趣的現象，就是年輕人為理想而賺錢，而中年人卻是為生活而賺錢。

投資也是如此，常有年輕人借家裡的錢來投資股票，一旦從股票獲利之後，就大方的請客、買手機、買車等。

而年紀較大的人，獲利之後，大都默不作聲，不聲張，落袋為安。以便為下次出手，增加更多的籌碼。

這種現象就在告訴我們投資朋友，不要以為自己投資不會產生變化，常常因為時空的轉移中，自己為了某種原因，改變了投資決策。

「改變」其實並不可怕，「不變」才是可怕的，更可怕的是「一成不變」，一成不變反而容易變成逆勢操作，電子時代就應該投資電子股，金融時代就應該投資金融股，不要忘記了順勢操作，否則在趨勢退潮中，仍在作困獸之鬥，是很容易失敗的。

所以，「會改變」反而才是最珍貴的。

27、可憐之人必有可惡之處

以前東勢的老家旁，住著一對王姓的人家，夫妻養了四個兒子。後來王先生去世了，只留下王太太跟她的四個兒子，王老太太獨自扶養兒子，與兒子相依為命，她含辛茹苦，發揮生命的極度韌性，每當自己有偷懶之心時，半夜想到王老太太對生命的熱誠，半夜仍會嚇出一身冷汗。所以，王老太太是我砥礪自己最好的一面鏡子。

有一次趁空檔回老家探望，才發現王老太太一個人孤苦伶仃的守著老舊的房子，兒子們都搬到外地去住了。

「王太太，你怎麼沒和你的兒子們一起搬到外地去住呢？」我看到王老太太一人坐在門口，好奇的問。

「他們每個人，都搬到外面去住，就不想回來了。」王老太太生氣地說。

「小孩自己有自己的工作，也是難免的嘛！你搬去跟他們一起住就好了嘛！」

「我才不要搬出去和他們一起住呢，房子又小，鄰居又都不認識，可是叫他們回來住，都不肯，哼！個個長大翅膀都硬了。」王老太太更加生氣地說。

後來，跟她繼續聊，她一直強調她的兒子怎樣不管她，幾乎都是在抱怨兒子們的不對，囉哩囉唆的講了一堆，我這時才發現真正的原因。

以持家的人品而言，她絕對是一等一的人。但是，或許是環境給她太多的磨練了，以前她在掌家的時候，她的四個兒子什麼事她都要管，而且幾乎都只是給一些負面的批評。

從穿著、功課，到長大後的工作、交女友，一律都把兒子的選擇，批評的一無是處。彷彿她的兒子是全世界最差勁的小孩一般。難怪兒子們長大後，一個一個搬離老家，不願再和她一起生活。誰又會喜歡一個只會看到別人缺點的人呢？

亦誰說養兒能防老呢？

× × ×

根據報載，在台北市撫遠街上，住著一位獨居的老人，自己一個人住在公寓的頂樓。在閒暇無事之餘，突然興起養了幾隻鴿子的念頭，最後竟成為他唯一的休閒娛樂。剛開始時，和鄰居們相處倒也相安無事，甚至還有鄰居稱許他的悠閒雅致。

但好景不常，漸漸地，他愈養愈有興趣，鴿子愈養愈多。鴿糞也愈堆愈多，鴿糞的臭味開始飄散四處，鄰居開始抱怨他鴿糞太臭，老先生卻相應不理，仍然我行我素。鄰居們在抗議無效後，漸漸都不再與他往來，他成為一個真正的獨居老人。人雖居鬧巷，卻只能獨自一人生活。

可是，鴿子的問題仍然沒有解決，一養十幾年下來，鴿舍始終都沒徹底打掃。鴿糞的臭味，飄散到整棟屋子，甚至飄散到整個巷子裡，巷子整日就飄散著臭味，這條巷子成為一條人人走避的巷子，他也成為全巷子的全民公敵。終於有人忍不住了，於是向環保局告發。

在連續告發之下，環保局終於也展現魄力，實行公權力強制拆除他的鴿舍。在拆除那一天，他的鴿舍被拆，鴿子被驅離，整棟房子都噴上濃濃的消毒藥水，他眼看心血化為灰燼，鴿子無家可居，自己呼天搶地、哀傷痛絕，可是環保人員在他家住處，卻清除出了一千多隻的蟑螂；丟棄的鴿糞，竟然要出動兩輛垃圾車才能清運完畢。

不僅讓他自己傻眼了，鄰居也恍然大悟，原來自己一直生活在一堆鴿糞當中，難怪整日臭氣薰天的。

環保局此舉，終於解決了鄰居多年的困擾，而這位鴿舍老人卻依然成為不受歡迎的人士，大家對他仍然頗具戒心，他只好繼續過著身處鬧市，卻獨居傷心的日子，下場真是悲哀呀！

× × ×

以上的兩個例子，主角的處境幾乎都可以說是十分悲慘，人到老年無依無靠的晚景，的確淒涼。但是，之所以會造成這樣子的局面，乃在於自己的可惡行為，自己先有不容於社會的行為，社會才會不容你。所以，下

次再看到一些可憐之人，請不要先急著同情。因為可憐之人，必有可惡之處。若他能先拔除自己的可惡之處，可憐的人也就不會再可憐，自然也不再需要博得他人的同情。

投資也是如此，往往投資會失敗，必定有其觀念的錯誤，或者是做法的錯誤在裡頭。因為錯誤的觀念盤據在心頭，在重要的時刻，它發揮了的影響力，導致錯誤的行為發生，於是投資就發生了虧損。所以，筆者才一直提倡「投資觀念」的重要性，因為觀念才是決勝負的重要的關鍵，可以說觀念的對錯決定投資的勝負。

28、進化不能停止

大陸作家周興國所著的『時光倒流一萬年』一書中，曾提到當初猿類祖先與人類祖先分道揚鑣進化的最大關鍵因素，乃在於冰河時期的到來。當冰河侵襲整個地球的時候，地球上許多的陸地和海洋變成了冰原，天氣一下子冷了許多。

許多動物為了對抗寒冷的天氣，發展出許多不同的進化路子。有些動物學會冬眠，有些動物遷移到更溫暖的地方，有些則發展出更強的捕獲能力，與消化系統，讓自己能吃更多種的食物。

人類的祖先從樹上爬下地面，用兩隻腿遷移到更溫暖的地方，而猿類的祖先則決定用手臂掌握更多的資源，攀爬更多、更高的樹，去尋找更多的食物，人類進化了他的雙腿，而猿猴進化了牠的雙手。

分道揚鑣的結果，兩者都成功的存活下來。但是，卻也演化成不同的物種，人類因為長途遷移的需要，所以強化了他的後腿，雙腿變的強壯而修長，所以，人類與猿類外觀最大的不同，就在於下肢特別的發達，這是人類不斷強化後腿的結果。

而猿類為了爭奪更多的食物，佔有樹上更多的食物，它們同時強化了手、腳的強度，手臂變的又粗又有力氣，後腿也靈活的可以抓住樹枝，這使得它們易於生活在搖擺的樹上。

人類祖先因為空出雙手來，反而使空著的手變得可以靈活運用，結果愈使用愈靈活，這也反向刺激了大腦的控制能力，人類於是成為地球物種上，第一個以「進化腦部」取勝的物種。

同為靈長類的猿猴，卻在長期使用雙手、雙腿當作是牠們移動工具，腿部並沒有像人類一樣進化。所以，至今所有的猿類在地上站立時，仍然或多或少需要靠手臂的支撐，這乃是在於牠們身體的架構無法把重心移動到雙腿，若完全用兩腿站立，也只能支撐一下的時間。它們由於長時間生活在樹上，進化成移動時，一定要靠四肢相互輔助。所以，並沒有空下手

來，這樣就無法有效地訓練手的靈活度。

科學家證實人類與猿類基因，其實只有〇．一%的差別。有一個有趣的推論說：如果當時猿類演化到一半時，若即時扭轉過來，朝人類演化的方向前進的話，不知會不會成為另一種人類。

科學家他們也推論出，這是不可能的事情，地球上不可能存在這樣的動物，因為只要進化的樞紐一啟動，就已經沒有後退的餘地，猿類絕對無法又兼顧在樹上的方便性，又能發展手部的靈活性。

我們都知道，人類爬樹的姿勢，雙腿簡直就如同廢物一樣。就算猿類放棄樹上生活，他們落地來求生，但是，由於他們手腳同時強化的進化機制已經啟動，它們還是得同時用手、腳來移動，因為進化是不容許走回頭路的。

我們以非洲的銀背黑金剛為例，這種猿類已經可以完全下樹生活了，但是，它們卻也無法把腿練得比手還粗、還有力氣，反而為了適應地面上更多的生物競爭，把兩隻手臂練的比一般猿類還更粗大。

這樣一來，力氣是大了，卻仍然無法強化手部的靈活，所以，它們雖然沒有完全住在樹上，卻無法擺脫猿類進化的宿命，他們有靈活有力的四肢，卻無法精巧的使用雙手。

進化無法回頭的另一個例子，就是鯨豚類、鱷魚類，祖先雖然脫離水面生活，爬到陸地上來。但是，最後演化的結果，它們又回去水中覓食，可是進化的樞紐一旦啟動，他們已經無法像魚一樣靠鰓來呼吸。它們必須仍用肺呼吸。

又有一例：鴕鳥，鴕鳥的祖先是鳥類，一定會飛，但是，現在的鴕鳥卻一定飛不起來，我們雖然不知道當時發生了什麼事情使鴕鳥不再飛行，但是，進化的結果，使它仍然保有一雙翅膀，這又是一個有力的證明，證明進化是不能停止的。一旦啟動，絕無更改的可能。就算真的改變演化，也必須帶著當初演化的遺跡。就像鯨豚類用肺呼吸，鴕鳥有翅膀，是一樣有趣的。

× × ×

當「進化不能停止」的理論，延伸到我們現在的生活中，是個什麼樣的有趣境界呢？這在告訴我們，當投資下決定時也是一樣，一旦決定就千萬別亂改變，千萬不要三心二意。因為投資的方法與種類，雖然很多。但是，決定後卻只有一條路可以走。

有人很喜歡在股市裡買進賣出、衝來衝去，一下買電子股、一下買金融股。一筆資金一天之內可以來回操作了三、四趟。倘若本身的買賣就是定義在短線上的操作上，還無可厚非。但是，若因為常常後悔自己所下判斷的話，就有點搞不清楚狀況，投資沒有目標，容易成為有心人倒貨的對象。由於自己投資的善變，很容易演化成股市的四不像哦！所以，投資一定要有「方法」及「策略」。

千萬不可當有翅卻不會飛的鳥喔！

29、不完美主義

有人問畢卡索：「大師，你最滿意的畫，是哪一幅？」畢卡索的回答竟然是：「下一幅。」這表現出畢卡索的幽默感，也表現出畫家追求完美的心，對於自己的畫，永遠不滿意。

雖然投資像是藝術，但是，投資卻不能像藝術般追求完美，投資絕對不能有完美主義，相反的投資必須要有「不完美主義」，統一集團高清愿先生曾經說過：「作股票，要留一點給別人賺。」為什麼要留一些給別人賺呢？因為留一點給別人賺，別人才會有誘因進來買嘛。但是這句話，有一個很大的問題被忽略掉了。那就是，怎麼知道留給別人的是「一小點」還是「一大點」呢？

這問題在投資領域裡，我可以實實在在的告訴讀者，它是沒有正確的答案。若想留一點給別人賺，得先知道全部有多少，才能知道一點到底是

多少。但是，永遠沒有人能知道全部是多少，所以，也就沒有人知道一小點是多少了。但至少高清愿先生已經指出一個重要的觀念，那就是「不完美主義」。

在投資的世界裡，永遠要有「不完美主義」的觀念，不能要求完美，如同是下圍棋一樣，比賽勝負的判定，優勝者只是佔的面積比對手多子而已。投資也是如此，投資優勝者的認定，只是拿回來的錢比當初多就是投資獲利了。至於是否能大獲全勝，那就得看當時的狀況來變化，該多賺時候絕對不手軟，該離手的時候絕對不戀棧，不是自己想怎樣就能怎樣。

我有一個朋友的投資哲學就是「賺夠二〇%」，不管局勢如何變化，反正他投資的東西，一定要賺夠二〇%，時間他不在乎，他的重點只有是不是賺夠二〇%，賺不夠二〇%絕對不撤資。他的意志很堅定、很有主見對不對！

我們也說過投資要有原則，但是，他卻落入「完美主義」的理想世界裡。讀者一定會問他投資賺夠了二〇%沒有？前幾次的投資，的確有賺到

二〇%，可惜他最近的一次，到目前可能還不止賠四〇%。而且損失還不斷的再擴大。所以，投資領域裡不能有完美主義，就像是畢卡索的畫，沒有一幅是他自己百分百滿意的。但隨便一幅畫的價格都是天價呀！在畢卡索眼裡看來不完美的作品，卻是我們眼裡看來，都是完美無暇的作品。

至於「永遠沒有人能知道全部是多少」的問題，筆者也有解決之道，既然沒人知道全部有多少，那乾脆就不要想知道全部有多少，這就是太極拳哲學裡的「捨己從人」，永遠不要去預測全部究竟有多少。如同水缸灌水，不要管哪時候灌滿，等到水滿溢出來，自然就知道水缸已經滿了，而把多溢出來的水，視為是正當的費用。這樣不是既省事又準確嗎？這個做法，總比把水缸才灌一半就急忙撤走，要裝的滿些吧？這也就是我在股票投資裡提倡的「只設停損，不設停利」的基本精神。

以上就是投資的「不完美主義」。看似不完美的策略，其實，最為完美。

30、天生萬物以養人

明朝末年，出現了位殺人如麻的闖匪，名叫張獻忠。此人嗜殺成性，有一次攻陷四川成都之後，竟然把殺掉的人，小腿都砍下來，堆成一個小山，他竟然還嫌小山不夠美，山頂上還必須要有隻美腿，竟然聽從部下的意見把自己的愛妾給殺了，把腿剁下來，擺在人腿山的山頂上。這或許是史官痛恨張獻忠的殘忍，所編著出來的故事吧！但是，卻可以反應張獻忠當時的暴虐。

張獻忠當時留下一首七殺詩，曰：「天生萬物以養人，人無一德以報天，殺殺殺殺殺殺殺。」可見當時他的精神狀態已經處於狂亂的階段。

其實他曲解了上天的用意了，天生萬物並非為了養人，而是「天生萬物以食萬物」，植物多了自然會有食草性動物出現，以減少植物，食草性動物多了，自然會有食肉性動物出現，以免食草性動物把植物吃光，而食肉性動物死後又回歸為塵土被植物吸收。所以，天生萬物皆是利用萬物以為自養罷了，因為人類是雜食性的，且是食物鏈的最高階，因此，橫跨三種階層都可食用。並非天生萬物只供人類食用。

上天並沒有獨厚人類，而是人類比較善用資源罷了，所以，人類食用任何生物以養自身，不能被歸於有罪。

人類會利用萬物的天性，至今的分工社會，還會有用處嗎?答案當然是肯定的。而且我們愈早發現自己會利用萬物的優點的話，就愈能讓自己成為一個富裕的人。我們要曉得天生萬物都可以加以利用，也就是天生萬物都可以讓我們投注心血及時間下去研究。譬如說，有人發明了迴紋針，因而發了大財；也有人牧羊的時候，發明了刺鐵絲而發了大財，光是靠這兩種簡單的發明，就能讓他們富裕。

而所謂的發明，也只不過是利用現有的材料，也就是把天生（包括人造）萬物，加以改良罷了。所以，要致富的發明並不一定要偉大，應該實用性勝於偉大性，因為只要能實用就能讓別人使用，進而把別人的錢收集

到自己的口袋裡，使自己成為富裕的人，那麼，投資在研究上也就值回票價了。

所以，對於研究而言，天生萬物的定義，可以改為周遭事物，以養人可以改為以利用。全句意思改為：「凡投資改良周遭事物者，皆可成為富裕之人」。

綜上所說，當自己感到茫茫然，不知所從時，請細心觀察自己的周遭事物，最好是手邊工作上的事務，一一條列問自己，捫心自問哪一項內容可以改善的更好，如果有的話，請投注自己的精力與時間去改良。當自己投注在改良事務時，這時候的自己，才是投資在一個專屬於自己的最佳投資上。

所謂風水輪流轉，當自己身處低潮時，不應該自暴自棄，而應該專心於研究自己身邊可以改良的地方，而不是等有人都看好時，自己才來研究改良，正因為有這樣精心研究，才能在機會來臨時大展身手，所謂「高處著眼，低處著手」，就是這個的意思。

31、一定要錯一次

在投資的世界裡，先得承認自己是無能的，才會變得無所不能。

投資如果只是為了小賺，那就失去投資的真意。所以，賺到就跑的投資，往往只能算是投機，不能算是投資。

真正的投資，應該是千秋大業，要讓現在的投資，成為自己以後富裕的基礎，小則衣食無慮，大則富可敵國，這樣才有投資宏觀的意義。如果把它列成公式的話，應該是：

投資＝資金（或努力）＋時間＋趨勢

在上述的公式裡，我們看出投資是由三項事情組合而成的，而它最主要是在公式裡面是「趨勢」這一項，因為趨勢的早、晚、對、錯，決定投資的正確與否。

而為何會形成趨勢呢？這裡面有太多因素讓我們研究，有時候甚至是

完全無理性可言的，就像當初為何全世界的人，都瘋狂的使用windows視窗系統，當初同時期也有更好、更廉價的套裝產品。可是，大家都寧願使用windows視窗系統。或許是windows它的行銷成功，或者消費者用的順手。沒辦法，這就是趨勢，我們在此不願深究它。

可是趨勢很難理解，但是卻可以駕馭、可以搭乘。若要說什麼是真正的投資，說穿了，不過也只是搭乘趨勢的順風車罷了。這一點台灣的統一企業做的最好，每次有飲料、食品打入市場，統一集團必定按兵不動，等到市場接受之後，統一一定馬上跟進，在自己的7ELEVEN商店，擺設相同的商品。

例如：當初的「麵包」、「茶飲料」等，都是在市場接受之後，馬上利用自己強大的商品網路（7ELEVEN商店）銷售一樣的商品。這就是它們會順應市場銷售，市場喜歡什麼，它們就賣些什麼。

投資，千萬不要以為自己可以預測未來，或者逆勢操作，舉凡逆勢操作者，一般都無法親見自己努力的成果。例如，國父當初倡導革命，多少

人拋頭顱、灑熱血跟隨著他，但是，最後獲利的人是誰？以歷史的觀點來看，是最後加入的蔣介石與毛澤東，它們兩位才是這次革命的最大贏家。

兩人享受革命帶來的好處，卻沒有為革命而拋頭顱、灑熱血。因為他們都是順應當時大時代的趨勢來處事。而最先的那班人卻成為革命先烈，沒有看到革命帶來的好處，只有自己為革命犧牲生命。因為它們的做法是逆勢的，他們逆勢對抗清廷，所得的下場就是拋頭顱、灑熱血，犧牲自己的性命。而順勢的蔣介石與毛澤東兩位，卻坐享天下，享受別人努力的成果。這就是逆勢與順勢的差別。

但是，順勢投資還有一個重要的課題，那就是何時會結束，因為不管火車軌道如何長，行走的火車終究要停下來，順勢，到最後反而會變成逆勢。所以，何時停下來是投資更重要的課題。

要何時停下來呢？其實很簡單，因為太簡單了，以致於自認聰明的投資人，絕對不想用它，殊不知愈簡單的事情，愈能包含深奧的哲理。要何時停下來呢？那就是錯了就停下來，因為前文我們說過得「先承認自己無

能」，因為我們無能預知一切，然後我們才能參考外界的訊息，不會先入為主，既然沒有先入為主，當然也就不會預測走勢，所以，唯有當投資受損後，我們才結束投資。

這樣的做法看似簡單、看似無能，可是在投資領域裡卻最為有效，因為投資無人知道其結果如何。既然無人知道結果，當然是「賺到不能賺時」才走人嘍。

人有時候不要自做聰明，要學學老子的大智若愚的智慧，「無為而治」而無所不治的內涵。

32、台北的狗

從舊石器時代起，狗就跟著人類一起生活，兩個物種在一起，起碼也有數十萬年的交情。狗一直扮演著人類最忠實朋友。在這幾十萬年中，因為有狗的陪伴，人類使自己的生活更加安全、心靈也充實了許多。

狗只要少許的食物，就可以對自己的主人忠心不二，甚至面對死亡也勇敢以赴。以人類的角度來看，無異是造物者給人類一份最好的禮物。所以，只要有人類的地方，一定也會有狗的存在。

人類是離不開狗的，狗卻可以離開人，但是，它們彷彿也喜歡與人類一起生活。如果離開狗，人類在動物界的尊嚴，似乎要降低一些。因為除了這種動物會對人類他莫名其妙的忠心之外，好像沒有其他動物會像狗一樣對人類必恭必敬。

我開車經過台北士林官邸旁，福志路與中正路交叉口，看到的一幕情

景，令我至今仍記憶猶痛。

一個檳榔攤的老闆，不知為何處罰他家的狗，竟叫狗兩隻前腳趴在牆壁上，不能下來，我們知道狗的身體結構，是絕對不適合只用後兩腿站立的，如同我們不能用雙手倒立是一樣意思。我看到的那一幕，就是那狗撐不住了，把自己前腳放了下來，那狗主人看到後大氣，竟然殘忍到用手擰著狗的一隻耳朵，就這樣把狗整個身體就提了起來。

那是一隻中型的台灣土狗，身材頗重，狗當場就疼痛、哀嚎不已。若人被如此對待，耳朵恐怕早已經被撕裂了，我從旁邊開車而過，見到且聽到哀嚎聲，所受到的驚嚇與衝擊，真是無以倫比。

現代人竟還有人如此殘忍的對待自己的狗，那狗是犯了什麼滔天大罪呀，狗的慘叫聲至今仍不絕於我耳。但是，狗畢竟是狗，被那更像畜生的主人，把整個身體提起之後，還被賞了兩個響亮的耳光，放下之後，又乖乖的兩腳趴在牆上，後腳不斷地顫抖，勉力支撐著。這就是忠心的下場。狗性忠心，卻被人拿來當作弱點。

在台北大都會裡，環境吵雜、人車擁擠，一切活動講求迅速、效率，人類被自己玩弄的不堪負荷，自己尚且難以適應，何況是把狗擺在這種環境裡。

我家女兒四歲之前對狗的印象，就只有兩個字可以形容，那就是「可愛」。她的印象中認為狗都是人類的寵物，出門有人抱著，洗澡必須到狗美容院，永遠打扮得漂漂亮亮的。有一次帶她到鄉下去玩，她看到那邊的狗高大魁武，看起來很漂亮，不禁想要去摸摸牠，沒想到人尚未摸到狗，那狗突然露出敵意吠叫了起來。

「汪、汪、汪……」

宏亮的叫聲把她嚇了一大跳，差點哭出來。她驚魂未定的跑了回來，我抱起了她，把狗趕走。事後她雖心情平靜了，但卻有很多疑問。

女兒說：「爸爸！為什麼這裡的狗會汪汪叫呀！真是嚇死人了。」

我聽了覺得很有趣，回答道：「狗本來就是會汪汪叫的呀！」

女兒不服氣又問說：「那為什麼我們家附近的狗都不會汪汪叫，只會

跟人撒嬌呢?」

原來是這樣子呀!原來她從沒看過台北的狗叫過,所以,小小的心靈認為狗是不會叫的。

台北的狗,彷彿都不是實用型的,彷彿都不會叫了。以前住鄉下,狗是看門、看果園的好幫手。若有火車或者是汽車經過,狗見到了都會去追逐、不斷地吠叫。所以,在台灣留下了一句成語叫做「狗吠火車」,意思就是自不量力。

但是,我想那時的狗雖然會愚蠢到去吠火車,卻也神氣十足。那時候的狗有狗的神氣,牠必定認定自己身強體壯,不認為天底下還有什麼比它們更強壯。所以,任你火車如何巨大,牠們依然會去追逐、狂吠。

可是現在台北雖有許多狗,卻不敢去吠火車了,甚至汽車、機車、陌生人也不敢吠了。不要說家裡養的寵物狗,甚至流浪狗也不會對任何路人吠叫了,狗在大都會區裡似乎喪失了牠的本能。

× × ×

狗會對陌生人吠叫，本來就是天經地義的，因為牠們有保護地盤的觀念，以及強壯的體能，使得牠們保有一份屬於自己的優越感。

但是，隨著文明不斷地進步，人類運用交通工具，運動的速度愈來愈快，狗兒們相對已經趕不上人類，喪失了牠的優勢，講速度，跑步比不上車子，講堅硬，牙齒比不上鐵皮。

所以，現在都市裡我們只聽說人開車撞死狗的，卻沒聽說狗還會追著汽車狂吠的，因為狗也在適應都市的環境，自己的優勢不在了，自然也就遺忘自己的看家本領，台北的狗變得愈來愈像都市裡的人。

擁有美麗的外表，可是美觀的外表下，卻包裹著一具羸弱的身軀，就算是流浪狗也只知道撿些垃圾來吃罷了，都市的流浪狗不能算是野狗，因為牠們根本無法像野狗一樣能在野地裡生存。

投資也像狗適應環境一樣，以前雖然是極好的投資，但是，未必以後就會是好投資。

就像狗雖然有勝於人類的強壯身體與速度優勢，但是，比不上現代的

汽車，自己只好藏拙起來。像投資賺到大錢的生意一樣，以後未必就能再多賺一毛錢，這就是現實。

然而投資必須要講究的就是現實，半分虛假不得，現實考驗著投資的獲利能力，如果要確保以往獲利的利潤，只有一種方法，那就是一發現不對勁就馬上抽身離開，而不是試著去彌補。

如果投資有兩個路子可以走，一是投機，一是永續經營的話。在沒有其他的條件可選擇之下，我寧願選擇第一項：投機。至少資金是靈活運用的，因為投資首重第一個字就是「活」，只有靈活的運用投資才能創造繽紛的投資成果。

33、法國農民中頭彩

據倫敦泰晤士報報導，法國農民布里查一九九九年在住家附近的村子買了一張法國樂透彩券，結果中了頭獎，他拿到總獎金三百萬英鎊的一半——一百五十萬英鎊（將近新台幣八千萬元）。

布里查中獎後，用獎金買了三百二十頭牛。上星期，因為有人告密說布里查並未妥善照料這群牛，官員到他農場將所有的牛隻帶走，連他養的二十五條狗和五匹馬都一併帶走。

布里查擔心自己的農舍和土地都可能不保。憤怒刻劃在布里查滿是風霜的臉上。他說：「他們就是存心害得我一無所有才甘心。他們想整我，偏偏我又孤立無援。」

在布里查住的地方，一萬英鎊就能買下一幢房子，當地許多人一個星期也不過花用一百鎊而已。如果五十六歲的布里查妥善投資這筆獎金，光

靠利息就可以安享晚年。

他買了這麼多牛，自己一個人根本照顧不來。更何況牛太多，草就不夠吃，他只好向村人購買草料——一噸九十鎊。另外，他找人幫忙餵牛，卻一個人都找不到。勉強找到一個鎮日喝得醉醺醺的烏克蘭人，也在不到一周前辭工不幹。結果是，牛都在餓肚子，最強壯的還勉強殘延苟活，最衰弱的則奄奄一息。

這時候，村人聯名陳情，說布里查的牛群因為飼料不足，四處亂跑，甚至闖入他們田裡偷吃作物。法國官僚適時介入，他們警告布里查要減少一部分牛群，否則全部牛群可能遭到查沒。布里查從善如流，想賣掉一批牛，但這些官員禁止他賣，理由是，他們懷疑這些牛可能已經染病。事實上，染病之說根本就是無稽之談。

牛隻的死亡率一天比一天嚴重，最後官府還控告布里查虐待動物。上周官員來封鎖他的農場，並且將牛群帶走。

如今的布里查晚景淒涼，身上一文不名不說，農場還可能遭拍賣，得

款用來支付將他的牛群運到別處去豢養的費用。

結果，這位法國農民雖中頭彩，卻只當三年富翁，如今的他，又恢復從前一貧如洗的日子，再度淪為貧農。

×　×　×

之所以會成為這樣，就在於布里查根本不知道他的財富從何而來的，當然因為他不知從何而來的，所以，也就不知從何而去，敗光財富一點也不意外，唯一可惜的是，他並沒有充分享受到，財富能為他帶來的快樂。

許多的統計，都顯示中了大獎的人，往往會在十年之間恢復到原先的生活，富貴生活也只能維持十年而已。

所以說，財富這種東西還是要先搞清楚一點比較好，否則就會像是小孩開大車一樣，要不撞車也困難。

34、好冷的天

潛在利益，未必能讓投資人一眼就能看穿，必須要慢慢挖掘。投資的最佳時機，往往不是景氣大好時期，反而是景氣正在大壞的時刻。

× × ×

冷鋒從蒙古內地來襲，氣候遽降，台灣溫度從原來的攝氏二三、二四度，一下降為攝氏十四、十五度，大家都用大衣把自己包裹的密不通風。

「晚上要洗澡喔！」祖母淑琴對著孫女說。

六歲的小孫女薇薇不禁說道：「可是天氣好冷呀！」

祖母淑琴道：「好冷也是要洗呀！妳已經兩天沒洗澡了，再不洗身體就要生鏽了。」

說著祖母淑琴還是去浴室把洗澡水放滿，今天天氣特別冷，特別把水加熱一些。

祖母道：「水放好了！薇薇過來洗澡吧！」
薇薇裝勢縮成一團，扭扭捏捏的走過去道：「好啦！不過妳要幫我洗喔！妳洗的比較快，我很怕冷。」
祖母愛護孫女心切，急忙安慰道：「趕快洗一洗就好了，不然水很快又要冷了，到時候反而會感冒。」
兩人進入浴室，阿媽淑琴很快地把小孫女薇薇的衣服脫光，孫女薇薇立刻感覺到冷鋒的威力，細嫩皮膚馬上起了雞皮疙瘩。
「好冷！好冷！」小孫女薇薇冷的直打抖嗦。
「不要怕！」淑琴趕緊又從浴缸裡舀了一瓢熱水往薇薇的身上澆去。
「哇！好溫暖喔！」薇薇本來縮成一團的身體，被熱水澆過以後，就如同花苞盛開一般，慢慢地綻放開了。
阿媽淑琴趕緊又多澆了幾杓熱水，把孫女的身體多澆熱些。
「現在要抹香皂了。」阿媽淑琴拿起香皂，用最快的速度，把孫女的身體給抹一遍，可是孫女薇薇又開始覺得冷，身體又縮成一團了。

孫女薇薇道：「阿媽！妳快一點啦！人家好冷啦！」

小孫女薇薇愈冷身體愈縮愈小。

「妳縮成一團，叫阿媽怎麼幫妳抹香皂，勇敢一點把手伸直吧。」淑琴邊拉孫女的手邊抹香皂。

「可是人家就是覺得好冷嘛！阿媽妳快一點啦！」孫女身體東扭西扭地躲開感覺較冷的香皂。

「妳愈是這樣子！阿媽愈是沒辦法擦香皂啦！趕快坐好，不要亂動。」阿媽仍然努力地想要把香皂塗滿孫女薇薇的全身。

「好啦！好啦！」孫女不情願的坐好，讓阿媽把身體塗滿香皂。身體仍然直打抖嗦。

孫女薇薇不再抵抗以後，阿媽淑琴很快地就把香皂塗好了，再舀起一瓢熱水往孫女的身上澆去，香皂泡沫紛紛順著熱水流下。

孫女不禁說道：「哇！好溫暖喔！」

阿媽淑琴邊幫孫女沖水邊說道：「妳看！叫妳不要躲來躲去，我一下子就把香皂抹好了，天氣愈冷，身體愈要張開，不要縮在一起，否則更容易得到感冒。」

「原來是這樣子呀！」孫女薇薇有點體悟地點點頭。自己沖完澡，趕緊跳進浴缸裡，享受熱水的溫暖。

薇薇不禁道：「哇！真是太舒服了。」

阿媽看著感慨的說：「什麼事情都得先有付出，然後才有收穫呀！」

孫女薇薇當然聽不懂阿媽的意思，只管自己泡在浴缸裡，玩她自己的熱水。

×　×　×

天氣冷更要張開身體，這不只是在洗澡上。生活上亦是如此，天氣冷更要展開身體運動，千萬不要在冬天吃完火鍋就縮在棉被裡，這樣子不但容易養了一身的肥肉，更容易讓自己體質變差。所以，天氣冷時要勇敢地展開身體，全身更要動起來。

我有個朋友他都是冬天減肥的，他說：「冬天減肥最容易，不必刻意

少吃，只要飲食的量和夏天一樣就好了，然後多做一些運動，身體消耗的熱量卻是夏天的兩倍，體重馬上就減輕了，每次都屢試不爽。」自己試過之後，也覺得他的話很正確，真是事半功倍。

投資又何嘗不是這樣子呢！如果在景氣不佳的時候投資，收益往往是景氣好時的數倍。可是大家卻容易在景氣不佳時緊縮自己的銀根，減少消費，投資更是捨不得，好像投資下去的錢會變沒了一樣。

其實，只要不投資正在下滑的時間點和正在衰退的行業，在這時候去投資以後看好的行業，反而是有最大的潛在利益存在。而不是在景氣轉好時，大家一窩蜂的搶進，等到要退出時也一窩蜂的退出，這樣的做法，真正獲利的往往只有前面幾成的人而已，後面跟風的人，卻是損失的居多。

所以，當自己會在冬天的時候伸展身體運動，千萬不要忘記，投資也是要在谷底的時候，才是最佳時機喔！王永慶曾經說過：「賣冰就要在冬天開始賣，才會賺錢。」不就正是此意嗎？

35、非洲黃金狐

萬客隆的老闆，張國安先生的座右銘就是：「請你比別人多努力一點」，多努力一點，一直是他勉勵自己的座右銘。因為多努力一點的結果，並不是比別人多成功一點，而是比別人多成功很多。

× × ×

美國Discovery（探索）頻道常常播出非洲野生動物的影片，有一集讓我印象極為深刻，那是說一對非洲黃金狐的故事。

黃金狐是非洲的一種狐狸，體型在當地的肉食動物而言是嬌小的。在非洲，它們不是強勢的動物，它們以非洲瞪羚為主食，它們的體型瘦小，力量強不過獅子，速度不如獵豹，凶狠不如鬣狗，團結也不如非洲野狗，可以說是非常弱勢的肉食性動物，但它們卻在野生非洲生活的很好。這得歸功於它們腦筋靈活之外，還有一項特色是非洲肉食性動物所沒有的，那

就是成年的黃金狐往往是一公一母成雙生活，彼此互補雙方的缺點。

兩隻黃金狐共同狩獵，目標往往是年幼或者體弱的蹬羚，通常由其中一隻先發動追捕，然後等到獵物跑累之後，再由另一隻來解決掉獵物。通常都是由公的黃金狐來當殺手狙殺獵物，獵物到手以後，母的黃金狐會趕緊跑過去，先享受這頓大餐，公的黃金狐這時候會乖乖站在一旁等待。

母的黃金狐除了先享用以外，還有一個很重要的工作，就是把獵物從中間咬斷，一分為二。然後公的黃金狐就會啣另一塊肉跑走，而母的黃金狐這時候，會反方向把它自己的那一塊啣到草叢隱密處去吃，吃不完的，就用泥土埋起來。這是獵食動物中黃金狐特有習性，為什麼黃金狐會有這樣的舉動呢？

據動物學家說，這乃是因為草原上的競爭對手太多，一旦黃金狐捕捉到獵物，馬上就會有其他的肉食性動物來搶食，它們不如豹可以把獵物搬到樹上享用，所以，它們就發明一分為二的辦法，因為母狐負有養育幼子的責任，因而通常都由母黃金狐先吃，而一分為二之後，公的黃金狐大刺刺地啣著獵物跑出去，目的是要引開其他的肉食性動物。

根據動物學家統計，幾乎有五〇%的機率，公黃金狐口中的獵物會被其他動物，像是獵豹、非洲野狗、鬣狗等搶走。所以，公黃金狐常常有一半時間是吃不到自己的獵物。

雖然它吃不到自己的獵物，但是，這時候分工的效果就出現了，等到兩隻黃金狐再會合時，母黃金狐就會帶公的黃金狐到它埋獵物的地方，然後再把獵物挖掘出來，公黃金狐這時仍可以飽餐一頓。

而Discovery頻道，這次播出的黃金狐一開始也是如此生活，甚至它們還有一次去偷襲獵豹的獵物，公的黃金狐一直向獵豹挑釁，獵豹終於顧不得獵物去追趕黃金狐，而母黃金狐就趁這個時機把獵物偷走，等獵豹把公黃金狐追跑以後，再回來才發現它的獵物就只剩下一付骨頭了，母黃金狐早就把有肉的部分給叼走了。

而它們自己有自己的狩獵地盤，黃金狐除了自己的配偶以外，其他的黃金狐是不能進入自己的地盤的，就算是自己親生的小黃金狐，長大以後

也必須要出去，另尋自己的地盤。

這對黃金狐夫妻在夏天時已產下三隻小狐，兩隻黃金狐更是用心捕捉蹬羚，以補充母狐的營養。有一天，它們的領土上居然出現了另一隻雌黃金狐，於是這對黃金狐便開始用威脅的利齒、強硬的態度，想趕走這隻雌黃金狐。而這隻雌黃金狐雖然被攻擊了幾處小傷口，可是卻硬是不走，還對著這兩隻黃金狐乞尾求饒。這對黃金狐最後無奈的聞聞這隻母狐，沒多久時間，竟然同意這隻雌狐加入它們的地盤，這樣的行為，讓一旁拍攝的工作人員百思莫解。

後來謎底揭曉了，那隻雌狐原來是這對黃金狐的女兒，去年夏天才獨立出去。它等到父母同意接受自己時，它的身旁不遠處，出現了躲藏的三隻小黃金狐，原來這隻黃金狐出去以後就找到配偶，一同生下三隻小狐，而不知怎麼的，它的配偶可能已經死了，它無法獨自扶養三隻小狐，因為黃金狐是共同狩獵的，一隻母狐根本無法養活三隻小狐。所以，它才決定帶領三隻小狐投靠父母，乞求父母的接納。而原來這對黃金狐雖也有自己的小狐要養，可是卻也接納了這個帶著三個小孩的女兒回娘家。從此這隻雌黃金狐便和父母一起打獵，並享用自己父母的狩獵成果。

時間漸入九月，那是非洲的乾旱期，蹬羚再過不久就要離開這裡，到更有草的地方，這三隻成年的黃金狐，若沒趁這時候餵飽小狐和自己，可能就度不過今年的旱季。於是公黃金狐狩獵更頻繁，這次它竟相中一隻為了爭母羚而打鬥，稍有受傷的大公蹬羚，大公蹬羚高大威猛，一般並不是黃金狐狩獵的目標，黃金狐若一不小心，可能會被公蹬羚的角給刺傷，只要一受傷，黃金狐的生命也危在旦夕，不但自己不能狩獵，還可能會餓死一族群狐狸，所以找上公羚羊是不智之舉。但是，迫於環境的無奈，它還是決定向這隻公蹬羚挑戰，兩隻動物一直在追逐，偶而公蹬羚還會停下來想用角去頂黃金狐，常常驚險萬分。

公黃金狐也只能孤身奮戰，因為戰線拉太遠了，母狐無法跟上，只剩下它單隻與蹬羚纏鬥，從中午一直追逐到傍晚。攝影的人形容是一位負責的老公和慈愛的父親挑戰一位花花公子，夜幕低垂，大家體力都已經耗盡

了，誰放棄誰就要為這次的爭鬥死亡，黃金狐會因為耗費體力過鉅而沒得到補充死亡，公蹬羚也可能死於自己打鬥留下的傷，雙方勢均力敵，影片在黑夜來臨時停住了，只告訴觀眾它們都只為自己的生存而努力著。

× × ×

故事到這裡結束的確是個很好的句點，不要再深究到底誰最後獲勝，贏的一方得到生存，輸的一方就必須付出生命。這是多麼殘忍的世界呀！但是，只要努力過何必論成敗呢？

投資也是如此，剛開始時只想到獲利的甜美果實，才會投資進去，而投資進去以後，才發現必須忍耐許多的痛楚，若這時候放棄則一無所有，堅持到底或許還有一線生機，進而才有甜美收穫。所謂男怕入錯行，女怕嫁錯郎，入錯行嫁錯郎則覆水難收，所以投資前的考慮，可能比任何問題都重要的多，投資者不可不慎。

36、弄假成真

以假亂真，若當時沒有被揭發，時間久了，也會成真的。

歷史上有許多的例子，都可以證明這樣的事情。譬如說，論語裡面的曾參殺人，曾參就是曾子，是個大孝子，絕對不會殺人。但是，有一天謠言滿天飛，說曾參殺人了，謠言四起連周遭的朋友都開始懷疑曾參真的殺人了，可是傳到他母親的耳朵裡，他母親堅決認為曾參不可能殺人，然而謠言愈傳愈開，滿城的人彷彿都認定曾參已經殺人，可是他母親還是堅定信任他兒子不會殺人，最後，曾參從外地回來，這才知道原來是另一位同名同姓的曾參殺了人。

毛澤東也曾經說過：「謊話說一百遍，也會變成真的。」想必這是他的肺腑之言和經驗之談吧！你看他搞「全國農民站起來」、「紅衛兵」、「要原子彈不要褲子」、「文化大革命」等，不都是不斷地在向人民洗腦

嗎?腦洗久了，歪理也變成真理了。所以，他真的是精深此道之人。

投資也是如此，如果只有一個人說好，大家還不覺得好，後來又有另外一個人說好，大家就開始感覺彷彿是好的，最後有許許多多的人都在說好時，投資人就會覺得真的是很好。

景氣循環也是如此，一個人看壞景氣時沒人會附和，兩個、三個、許多人看壞景氣時，全國的民眾就開始覺得景氣真的不好，而大家開始節衣縮食，等到消費循環減低了，那景氣真的就變得不好了。

民國九十年九月，全球景氣真的不理想，那時候又發生了美國911事件，台灣有一項民調調查顯示，竟有七成五的人，害怕自己會失業或將失業。可見這是多麼的可怕觀念，其實再怎麼差的社會，都不可能會讓七成五的民眾失業的。

假若台灣真的有七成五的人失業的話，那將會比台灣沉落在太平洋裡還要糟糕，一旦人民沒工作、沒飯吃，那麼，禮義道德都將擺在一邊，只要求得生存，什麼事情都可能幹得出來。

景氣真的有那麼嚴重嗎?當然不是,最後大家還不都是過得去。許多事情都是這樣的,弄假久了以後,就會成真的。所以,在投資界裡,真的、假的反而不是很重要的事情,因為判斷它本來就不是科學,而是一門藝術。

它的重點是,是否有許多人認為它是真的,只要有許多的人認為它會是真的話,它就愈來愈真。到時候,它就會是「真的」。

這就是群眾理論,大家認同時,都拼命往裡鑽,大家不認同時,就棄之如敝屣。投資就是要掌握大家在快要認同又不認同的當下先行卡位,才會有利潤。如果等到大家都認同了,也就已經到達投資的最高點,再創利潤的空間反而沒有,因為再也「沒有人」會相信它是真的。這就叫做「後繼無力」,也可以套上股市的一句術語,叫做「價量背離」。它就算是真的也已經沒有用,因為再也沒有人能再拿錢出來推升股價了。

37、智慧的拳王

拳王阿里家喻戶曉，讓人津津樂道的是他五次從拳王寶座跌下來，然後再五度贏得世界拳王的寶座，更是令人佩服的是他的幽默感。不像另一位拳王泰森，給人家的印象，除了會打拳之外就是常常為非作歹。畢竟拳王阿里仍有他拳王的「格」。

一個人有沒有智慧，看他有沒有幽默感是很重要的。阿里要不是晚年得了拳王癡呆症（常打拳擊的人，腦部容易受到撞擊），他一生將有更大的成就。大家都說他很偉大，我們再從另一個鮮為人知的小故事，來看這位拳王。

阿里小時候丟了腳踏車，四處尋找他的腳踏車，後來竟然找到拳擊訓練館，從此成為一個拳擊手，一路順風從業餘轉進職業，然而一路順風的他，在一場重要的比賽上，也遇到了大麻煩。就是他下一場要遇到了一位拳王，他將會與這位拳王較量，然而這位拳王的拳路至今沒人摸得透，左直拳、右直拳、左勾拳、右勾拳一樣犀利，彷彿是個全方位的拳手。一般人都會偏向慣用一邊的手臂，拳擊手也不例外。但惟獨這位拳王讓人看不出來他慣用哪隻手。這讓阿里傷透了腦筋，如果完全不知道對手的習性的話，就無法做好防禦準備，到時候上場就會吃不少悶虧，尤其拳王賽，兩人實力就在伯仲之間，一個準備不當，往往就是失敗的徵兆了。

就這樣阿里傷透了腦筋，眼看賽期一天一天的逼近。這位有智慧的拳擊手終於想到一個可以解決他的困擾的辦法。阿里打探到這位拳王的下榻旅館，然後阿里就在附近埋伏。等待這位拳王離開之後，阿里馬上跑到這位拳王的房間門口，把一個裝滿水的大水桶擺在那位拳王的房間門口，堵住了入口。然後阿里就躲在暗處，靜靜的等待這位拳王的回來。

沒多久，這位拳王回到旅館來了，看到自己房間門口擺著一桶清水，剛好擋住自己的去路。他很直覺的把水桶提了起來，放到一邊去，然後打開房門走進去。

這樣的舉動都讓躲在暗處的阿里看在眼裡，阿里的目的也達到了，帶著微笑悄悄地離開。阿里為何辛辛苦苦的設局，只為了來看這位拳王提水桶呢？原來阿里是為了測試這位拳王到底是左撇子或是右撇子，故意擺了一桶水在他的門口，而這位拳王在四下無人之際，直覺的露出了本性，他用左手把水桶提開。本來這只是一件小事，卻被智慧的阿里拿來利用。

阿里看完回去之後，針對對付左撇子拳手作為訓練重心，結果真的讓他在那場比賽中獲得了勝利，打敗了現任的拳王，從此開啟了一代拳王阿里的天下。這證明了，阿里真的是一位智慧的拳王，他是靠腦筋在打拳，而不是完全只靠身體在打拳的。這和我們中國人講的，兩軍交戰，決勝於千里之外，運籌於帷幄之中，不也是同樣意思嗎？

德國大投資家科斯托蘭尼在他的最後著作《一個投機者的告白》，說過「『逆向』是成功的要素，只有少數人能投機成功；關鍵在與眾不同。自信的相信自己道：『我知道，其他人都是傻瓜。』」一位老投機家在布達佩斯糧食交易所也說過：「小麥跌時，沒有買小麥的人，小麥漲時，沒有小麥。」拳王阿里能夠跳脫傳統，逆向思考，然後再突破傳統自創蝴蝶步伐，難怪他可以屢敗屢戰，五次重登拳王寶座。

× × ×

投資不也是如此嗎？決勝於千里之外，勝負在準備時已經見真章了，甚至更早在心態上就已經見真章了。可能還要更早在個性上就已經窺出端倪了吧！所以，要問自己會不會在投資上獲勝，先要問自己的個性適不適合投資，如果不適合也沒關係，畢竟要做到完全果決性格的人也不多。但是，至少要像阿里一樣，事前的調查、準備工作不能少。只要把調查工作準備好，勝算就會提高很多。

這就是為什麼我在投資研究上，除了心態之外，最重視籌碼的計算的原因了。唯有把籌碼計算的徹底了，對手才能無所遁形，然後再利用太極拳的原理「彼微動，己先動」，發人於先。能這樣子做，鮮有不成功的。

38、戰敗的德國

二次世界大戰後，英國邱吉爾以戰勝國首相之姿，前往戰敗的德國訪問，沿途觸目所及皆是滿目瘡痍、百業蕭條，唯獨有一個獨特的現象，就是德國雖然窮困潦倒，但是街道上見不到乞丐。最多是沒錢買麵包吃的人家，拿自家的家具，在街頭上叫賣，這點讓邱吉爾非常感嘆，回國之後，他向英國人說：「我只見到低頭的德國人，沒見到倒下的德國人。」

如同他的預言，德國人經過了二次世界大戰戰敗後，只花幾十年的時間，又讓他們從新站起來，在經濟上成為歐洲的強國，實力不容忽視。德國人的確沒有倒下，只是暫時的低頭而已。

在美國有個論調說，為什麼住在美國的黑人，會在體能的表現上如此的突出?他們不僅僅只有在美國國內表現好，甚至在全世界的世界大賽、奧運，美國非洲裔的黑人拿冠軍也是家常便飯。

為什麼？這個論調就指出，原來當初黑人從非洲被捉到美洲當黑奴，經過了船上的嚴酷折磨，以及好幾代奴隸考驗，等於已經經過達爾文「物競天擇」裡的優勝劣敗，以「人擇」的模式，留下了體能強壯的基因，一般民族可能要花上一千年的演化才能跟進的，非裔黑人卻在兩百年就做到了。所以，這說明了為何美國的非裔公民，體能會特別的強健。

這兩則事情，讓我想起了台灣的經濟。台灣自從經過九二一大地震以後，隔二年又經過美國九一一事件的衝擊，加上政治上的改朝換代，經濟上幾乎一蹶不振，以前傳統的產業，如水泥、房地產、觀光、營建、甚至金融業等，都紛紛出現危機，而剛興起的電子業也坐困愁城，訂單銳減，許多公司或者倒閉、或者裁員，整個台灣經濟出現蕭條。

但筆者也發現，以往在街頭的乞丐減少了，乞討的人反而減少了。九二一地震後，您若有去災區看過，一定會發現，找不到任何一個乞丐。這些是為什麼？因為我們也展現出台灣人民的韌性。

九二一地震等於是「天擇」，正常的工作賺不到錢了，大家可以擺地

攤、做小生意，甚至一人身兼二職，工作雖然累，收入雖然差，但是，大家仍然可以應付過去。

這就是我們台灣人民可愛的地方，我相信台灣現在的人民，是比大陸人民還優秀的，別忘了我們也像是美國的非洲黑人一樣，也是經過移民考驗篩選下來的子孫，不良的人已經在過程中被淘汰了，如荷蘭的佔領、日本的佔領，被自然淘汰，去蕪存菁之後，我們也等於經過達爾文「物競天擇」學說的洗禮。

所以，儘管我們的確逸樂過一陣子，但是，我們的血液裡面仍然傳習著先人「打拼」的精神，這些經濟的考驗，只是在喚醒我們血液裡「打拼」種子的復甦。

筆者曾經與一位銀行業的資深人士談過，他用台語說：「台灣人不會那麼『敗』啦！經濟上，一定會找到出路的啦！」的確看台灣人歷屆的表現，愈發覺得他的話有道理。台灣人真的不會那麼「敗」啦，我們自己會創造出自己的一片天空！

投資總不可能都是一帆風順，有時候，投資環境不佳，就必須把資金撤走，放到安全的地方。這點就是投資人與經營人最大不同之處，投資可以撤資。但是，經營者就必須永續經營下去，他的資金在困危時更不可能撤資，唯有與事業體共存亡。

可是投資人卻可以享受漁翁之利、坐壁上觀，哪時候景氣轉強、誰的事業最強就投資誰，這也說明了，其實投資人只有一個工作要做，那就是把對景氣的靈敏度練好。只要把靈敏度練好了，比當個上市公司的董事長還要威風千萬倍，Easy money就會源源不斷進來。

39、中國龍

龍在中華民族裡有特殊的地位，從漢朝以後，慢慢的帝王都以上天之子自居，而且自封為龍的傳人，只有龍的威猛，才配得上天子的地位，所以，慢慢的龍變成帝王的象徵，唯有帝王一脈能用龍的圖騰，若其他的人敢僭用龍作為自己的象徵話，必定會認為有反叛意圖。

但是，中國的「龍」，可能是古今中外最奇怪的生物了，身體竟然長的像蛇一樣，而且還有獸的四肢，完全沒有考量到實用性，更不可思議的是，它竟然可以騰雲駕霧飛行，它等於突破了地吸引力的限制，自地球生成生物以來，唯有它能突破牛頓的第一定律，而自成一格。所以，中國的龍已經不再是生物，要稱之為神龍。

如果各位還有印象的話，筆者小時候，常常會在廟裡發現張貼的一張海報，那是一張觀世音大士站在一條龍上的照片，據海報上說是美國空軍在台灣八七水災時，在飛機上所拍攝到的畫面，照片上說是觀世音菩薩聞聲救難，御龍前來救苦，還對著滔滔大水倒入祂的淨水。這張照片當時造成了很大的震撼，加強了許多人的信仰力量，許多人對於這張照片也深信不已，也對白衣大士的聞聲救苦的精神感動不已。

筆者對此不予置評，只是對於觀世音菩薩為何對滔滔大水還倒下祂的淨水感到不解，只聽說那淨水可以普降甘霖，卻沒聽說可以壓制大水的作用，而且對腳下的那條龍也有點意見了，那條龍果真像是能騰雲駕霧，遊於水霧之間一般，而且依然還是蛇身、獸爪、鹿角，造型與北京紫禁城那面九龍牆上的龍一模一樣，張牙武爪的好不神武。

那我的問題就產生了！

中國的龍，之所以長的如此模樣，一定是古人受到某種啟發，才得到的靈感，我私人猜想最大的可能，就是古代的恐龍，我們現代人能發現恐龍的化石，古人也一定能夠發現恐龍化石，而且當時一定也被驚嚇到了。

根據生物學家說，在演化的歷史上，人類與恐龍是無緣相見的，所以

當他們見到龐然大物的骨頭化石時，一定是被驚嚇到的。所受的震撼，一定不是我們現代人常常能在資訊上接觸到恐龍化石所能夠想像的，第一個印象一定就是恐懼萬分，人類的身軀與恐龍比起來何其渺小、脆弱。所以發現者一定產生了強大的恐怖感，而且他一定也把他的恐怖感散佈給了其他的人，於是高於人的神就出現了，傳說中的龍也就誕生了。

我們知道在神權、君權時代，愚民政策是一個最好的統治方法，於是統治者利用了這種恐懼心理，塑造了自己權威的印象，巧妙地把自己與龍結合在一起，說自己為「龍種」，使自己成為神權的象徵，所以，中國的龍在歷史上是神的象徵，是帝王的象徵。甚至到了近代，中國君權的神話被戳破了，還政於民之後，中國人還是對龍依依不捨，甚至歌頌中華民族為龍的傳人，我們也都理所當然的變成了龍的傳人。

古代只有一國之君可以用龍的圖騰，但是，現代大家都可以用龍來美化自己的過去，於是「龍的傳人」這首歌普遍成為中國人的國歌。

但是，若我們觀察外國的歷史，就會發現龍在他們的神話上，地位就不如此崇高了，龍往往是邪惡、暴力、貪婪的象徵。他們的神話中，常常有惡龍危害村民、勇者屠龍的故事出現，而且他們龍的體型，也比較像是現在我們看到的恐龍造型，有凸凸的肚子，一付笨重且嗜血的模樣。而中國的龍卻長的細長、靈活的身體與四肢，不過兩者的骨架造型倒有八、九分的神似，同樣是血盆大口，張牙舞爪。

這說明了中國的龍和外國的恐龍其實都是同一樣的物種，只是當時的結構學不發達，所以，將一樣是骨頭化石，卻兩者解讀不同，造型也大異其趣。相同的是，中外的古人都發現了恐龍的遺跡，兩者直覺反應一樣「恐懼」。但是，外國的統治者並沒有利用其為統治工具，而中國這邊卻拿來利用罷了。

還有一種可能是，中國這邊發現的是樑龍或者腕龍，恐龍裡體型最大的恐龍，加上對骨骼結構的不了解，只見其長，不見其寬，亦或者無法接受有如此龐大的生物存在過，於是在推敲之下，覺得長度是無法迴避的的問題（因為骨骼化石的證據擺在眼前），自己猜想或許是如同蛇一般的生

物，有著長長的身軀，加上利爪而已，這種造型大概是那時候的人唯一能夠接受的造型，所以不得不創造出，如龍那樣的造型。

以訛傳訛之下，竟然流傳幾千年的神話而不墜，於是中國古人，對於龍的存在是深信不疑的。

要知道人是沒見過活恐龍的，加上古人沒有像現代人的資訊發達，也不曾上過物理學，他們只能從生活環境當中，去推敲那種生物，所以，當然創造出這種「中國龍」的怪物了。

話再說回來，既然龍只是原始人誤打誤撞之下，猜出來的產物，它就絕對不可能存在於地球任何時空的，既然它不可能存在，那為何八七水災時，白衣大士救苦救難，會騎著原始人因錯誤而創造出來的生物呢？我搞不清楚，能有人回答我嗎？

若照片出自於美軍空軍之手，為何會流落到中國民間的廟宇裡面呢？而不是在美國發表呢？如果美軍真的要把照片公佈，也會透過當時的蔣介石政府吧！為何只有民間的廟宇在張貼呢？應該是放在國家的機密檔案裡

才對呀！或者像九二一大地震一樣，成立一個博物館，收集所有當時照片資料。一連串的問題，似乎已經把答案呼之欲出了。可是，我卻仍覺得那時候的那張照片，有其一定的正面價值，為什麼呢？

× × ×

因為投資也是如此，盲從、跟風、無中生有都沒有關係，如果這樣能夠創造出財富的話，那就值得去跟隨，而不是去拒絕它、恥笑它、理性的批評它，甚至於戳破它的牛皮，反而應該跟著去吹牛皮，讚美它，因為在投資領域裡是不允許和眾人背道而馳的，因為投資永遠需要人氣，而人氣的聚集往往跟理性無關，眾人皆醉時候，就算獨醒也應該裝醉。

投資它只是一時的風氣，像台灣在五十、六十年代，那時投資房地產最賺錢，開建設公司一定賺翻天，那時候就應該投資建設公司，而到了八十年代，房地產已經不吃香了，若這時候還投資房地產就會被當作是笑話一個。而這時候興起了電子業，這時就應該轉投資電子業，才能獲利。可是以後也會印證出，到底電子業值不值得投資，那時候的答案，可能會讓

現在投資人頗為傷心。但是以後的傷心，並不代表現在就不開心！

因為請記住在投資領域裡，永遠沒有對不對，好不好；只有能不能獲利，人氣旺不旺而已。

所以，檢示自己投資的對不對，就先檢示自己的投資項目，人氣還旺不旺。就像是如果外國有人稱我們為龍的傳人，我們聽到還是會很高興，但是，若他幫中國龍驗名正身一番，改稱我們為「恐龍的傳人」，或者更明確一點稱為「腕龍的傳人」，這時候若聽了還會高興的人，大概沒有幾個了吧！

40、蠶食鯨吞

投資有時候要像鯨吞，一次獲利就非常可觀，有時候卻只能像是蠶食一樣，只能賺點蠅頭小利。

投資，不一定每次都能收穫豐盛。有時候，看來必定豐盛的投資，真正投資以後，才發現能獲利的空間不大。

這時候，若苦心經營，等到大部分對手陣亡之後，才能再度發現這項投資的獲利，並且有利潤在成長。這就是浸淫之久，而豁然通達焉。這就是得先蠶食，然後才鯨吞。

也有些投資，一開始就獲利非常豐厚，像網路咖啡廳剛興起時，吸引青少年留連忘返，聽說開一家網咖，只要三個月就可以回本。但是，後來各家開始比裝潢、削價競爭、連線遊戲廠商又收大量的資訊費，各地更是普遍設立，利潤一天不如一天，再加上台北市政府管制不准距離學校一百

公尺內開設，生意更是一落千丈，由鯨吞的獲利，變成了蠶食，甚至變成了尾大不掉的惡夢。

大體上來說，投資生意，凡是趕流行的，都屬於暴利投資，也就是一開始就能鯨吞，但是，一旦人氣退潮時，就會變成蠶食，甚至虧本經營。而屬於技術性、專業性的生意就是先蠶食，生意會愈作愈大，信用愈來愈好，然後才會鯨吞，這時候若能固守本業的發展，一種行業吃三代都有可能。

台灣至今仍有許多行業已經傳了好幾代的經營者，例如，郭元益綠豆糕餅、新復珍竹塹餅、士林名刀、淡水阿給、萬巒豬腳、十八王公廟肉粽等等，生意至今仍然不衰，可以去探求它的本質，一定是屬於技術本位的生意，而不是趕流行的生意。

所以，我們在判斷自己投資的收益時，應該先了解自己投資屬於哪方面，是屬於技術性的，亦或是趕流行的生意。千萬別搞錯了，明明是在趕流行的生意，卻只有受益微薄，這就表示自己的投資已經落後他人，已經

賺不了大錢，這時候，得趕快尋找抽身的機會。

例如，前幾年的養狗，一開始各種名狗價位非凡，但是，等到許多的家庭都在養名狗時，名狗供過於求，狗價一落千丈，最後，名狗反而變成被人棄養的流浪狗。這就是告訴我們投資流行的事物時，一定得要在未暢旺時，等到東西大賣時，反而，就得準備抽身離開。

股票的投資，有時候像蠶食，有時候卻像鯨吞，這種現象因時而異，但大體上，比較多的狀態都是先蠶食，然後才會鯨吞，但是，等到大好行情時，一檔獲利極佳的公司剛上市，往往就是先來鯨吞一番。不過筆者還是比較喜歡先蠶食後鯨吞型的股票。因為這樣大家都有份賺錢，只是看個人的功力高低而已。

而且筆者更喜歡讓別人先蠶食，我們只是看著，因為蠶食可能要很久的時間，若資金擺進去，可能許久都沒辦法翻身，幸好，股票市場有一千多檔的股票，只要仔細地去找蠶食完畢，正要鯨吞的股票，倒也不是多難的事情。

而所謂先蠶食後鯨吞的股票，它一般的型式都是股價屬於盤整，當股價不太容易掉下來，往往一有機會，成交量放大了，股價就三級跳，常常漲停，這時候就已經是在鯨吞了。

但是，千萬不要被這幻象所迷惑，走勢太過於激烈時，也就是宣告股價快要走完畢了的時候了。

畢竟股價怎麼上去，就容易怎麼下來，人跑得太快，終究還是很容易跌倒的。若是強行了一陣子之後，股價又開始走揚的話，就如同人休息了一陣子，又再度出發，或許這才是真正的主升段哩。這就得研判，當初剛漲時買的人，現在是否還握著股票，如果還有，那股價就容易漲，如果沒有，那就容易下跌了，應當機立斷，見好就收。

41、鬥魚

鬥魚這種魚十分奇怪，自己明明只是一隻弱小的魚，卻非常愛逞強鬥狠。身上的色彩十分艷麗，對地盤觀念非常的強。人工飼養的鬥魚，當鬥魚苗成長至二、三個月大時，牠們互相打鬥的天性就會開始產生，這時就要用器皿個別分開飼養，從此王不見王，一見到同類就得分個高下。

若在自然環境中的養大的鬥魚，這時候就會自己找到一塊地盤，然後守著自己的地盤，除了交配期外，否則直至老死，不與其他同類或者同體積的魚往來。

今天整理舊東西時，翻出了一個透明的小箱子，這箱子中間隔著一層透明壓克力閘門，這箱子讓我回想起在幾年前養過的幾隻鬥魚，這就是專鬥飼養鬥魚用的小水族箱。

幾年前看到鬥魚的色彩繽紛，一時興起買了兩隻鬥魚，兩隻顏色一藍

一紅。後來覺得兩隻分開養怪無聊的，又買了上述的水族箱，兩隻各擺一邊，中間用壓克力閘門隔了起來，兩隻鬥魚自從搬到牠們的新家以後，果然鬥性十足。兩隻鬥魚常常隔著壓克力板相互挑釁，不像當初只有一隻單獨住在小水瓶裡，整天無精打采。

現在兩隻可以看到對方卻無法攻擊對方，兩隻鬥魚常常怒目相視，偶而我也會打開中間的閘門，讓兩隻鬥魚發揮牠們的本性，在安全的情況之下互鬥一番，偶有勝負，倒也有一番樂趣。

兩隻鬥魚就在這樣的環境之下生活著，彼此過了十餘天的日子。有一天，我下班回到家裡後。竟發現兩隻鬥魚竟然同在一個槽子裡。顯然是紅色的那隻鬥魚「跳槽」到藍色鬥魚槽裡，想和藍色的鬥魚一決雌雄，結果很明顯的，挑戰者失敗了，紅色的鬥魚鬥輸了。

因為牠頭朝著牆角不敢直視藍色的鬥魚，而藍色的鬥魚，像個勝利的君主在巡視牠的領土，不時地還咬一下紅色鬥魚，紅色鬥魚一點反抗能力都沒有，乖乖的接受藍色鬥魚的侮辱。

我看到這裡趕緊把它們分開，把紅色鬥魚仍然撈到牠的位置上去。奄奄一息的牠，經過兩天的調養，終於又生龍活虎了起來。紅色鬥魚又經常到壓克力閘門邊去耀武揚威，完全忘記牠曾經是敗軍之將。

第三天，我下班回家後，去看看這兩隻寶貝蛋，結果又發現兩隻鬥魚又在同一槽裡了。依舊是紅色鬥魚跳到藍色鬥魚的水槽裡，結果依舊是紅色鬥魚面向牆角，無助的被藍色鬥魚攻擊著，一點也不敢反擊，奄奄一息的躲著。我見狀趕緊把它撈到對面去，可惜為時已晚，過了一天，紅色鬥魚就已經翻肚漂浮在水面上了。

後來藍色鬥魚，在失去對手之後，又開始沒精打采，沒多久也就隨同紅色鬥魚同返天國。我經過這兩條魚的生死，對於養鬥魚也就心灰意冷。既然它們自己都無法好好相處，我又何必自己多此一舉呢！這一擱也就擱了幾年，幾乎忘了自己曾經養過鬥魚，直到整理出鬥魚水族箱之後，才驚覺到以前的我也曾經養過鬥魚。

× × ×

紅色鬥魚三番兩次的躍過閘門去找對手決鬥，然而每次都鎩羽而歸不得，被打敗了，沒體力回來自己的地盤，只得被對方咬得頭破血流，毫無招架之力。但是，明明知道對方實力強大，為何紅色鬥魚又要三番兩次的跳過閘門和對方一決勝負呢？或許是他們的天性吧！

那為何不是藍色鬥魚跳過去紅色鬥魚的地盤，反而是紅色鬥魚自己送上門來呢？這點大概沒有人能告訴我了吧！但是，這在投資的領域裡卻常常看見投資人也會犯了紅色鬥魚的錯誤。

許多投資失敗之處，都是為山九仞，功虧一簣。也就是，同樣眼光、同樣時機，許多人看準了投資該產業，經過了一番的市場競爭之後，所留下來的往往是財力雄厚的財團，或者是具有特色的個人。而犧牲者往往就是財力不夠雄厚和沒有特色的公司，往往在事業的蜜月期結束之後，就陷入苦戰，而不久之後也就關門大吉。

在股市裡也是一樣的情形，百分之八十的獲利者，都是上市公司大股東，因為他們曉得他們產業何時會蕭條，何時會復甦，只要掌握高買低賣的原則，他們適時的躲避風險，以及適時的回補持股，對於該產業他們永遠立於不敗之地。而會虧錢的人，往往是利用融資買賣的短線投資人，這不是說短線不好，而在於資金的緊迫。

融資資金只有一年的契約，一年到期必須歸還，加上對於產業的不了解，往往是買在高檔區，一時也難以脫手，但有時候一個產業，未必是一年一個循環，有時候三、五年才一個循環，這時候用融資買進的股票，往往就會殺在最低點，以至於血本無歸，甚至從此黯然出場，許多人投資股票怎麼賠光的，至今都還是迷迷糊糊的。

所以，下次各位要再投資一項產業時，或者投資股票時，一定要先想想那隻紅色鬥魚，自己的力量夠不夠，自己的資金是否能長置不動，如果答案是肯定的，那就大膽投資下去吧。如果答案是否定的，那就千萬不要勉強自己，否則下場就可能會像紅色鬥魚一樣，乘興而去，卻敗興而歸，亦或者戰死沙場。

42、相國之學

戰國時代的秦國，雖身處邊疆，最後卻能統一中國，結束長達四百多年的春秋戰國時代，其中有三位丞相功不可沒，這三位就是商鞅變法的商鞅，一介商人成為丞相的呂不韋，以及法家的代表人物李斯。

這三位在秦官拜相國，都有不同於世的宏觀遠見。在商鞅入秦為相國時，秦國乃邊境之弱國，內有六國的威脅，外有匈奴的騷擾，國窮民弱，又是一個土地貧瘠之地。但商鞅卻看見了它的優點，這個優點是其他六國都找不到，只有秦國有。那就是「勤樸的民風」，當時由於商業發達，各國崇尚奢華，唯有貧瘠的秦國人民勤勞樸實。

商鞅就是看中秦國這唯一的優點，於是把他的相國事業投資在「勤樸的民風」上，他觀看局勢之後，訂定與其他國不同的強國之策，決定重農抑商，養息生產，而且重賞罰、嚴法制，這使得秦國國力開始強盛，人民

悍於公戰，怯於私鬥。商鞅變法之所以會成功，乃在於務實之道。當時秦國在天時、地利皆不佳，商鞅覺得唯有純樸的民風可用，於是他就把自己所有的籌碼，都押在重農的嚴刑峻法上，以及抑商以收簡樸之風。果真秦國並足於其他六國，這個投資也使得他坐享十數年的相國生涯。

可惜商鞅最後卻死於自己所定的峻法之下，被刑以車裂，類似漢朝以後的五馬分屍，那是個極殘酷的刑法。無論他的下場如何，他卻是走對了一步路，他制定了適於秦國人民的律法，使秦國走上富強的道路，也使自己享受權力、富貴十幾年，這就是商鞅的投資術。

×　　×　　×

第二個讓秦國轉變的相國就是大商人呂不韋，有史以來，呂不韋可說是商人裡面最為傑出的一位。因為在當時像他這樣子的商人，恐怕一輩子與仕途無緣。當時商人地位卑微，在士農工商之最末等，雖腰纏萬貫，卻容易有殺身之禍，性命全無保障，地位僅高於奴隸而已。而他卻可以堅忍不拔，尋求機會突破，不向自己的命運低頭。

他本只是小國衛國的一位商人，在趙國經商時看見被留為人質的秦國王孫嬴異人，在趙國受盡屈辱，他看了之後，終於認定「奇貨可居」，自己機會來了。在趙國隨時有殺身之禍的秦國王孫嬴異人和他商人的地位彷彿有異曲同工之妙，呂不韋認為王孫嬴異人真是自己的奇貨，也唯有落魄的王孫貴族，才能讓地位卑下的商人有接近的機會，因為古今中外對外發放的人質，在其國內幾乎都是毫無前途，或者是君王不喜歡之人。當時秦趙相鄰，兩國處境頗為緊張，秦要發展勢必先通過趙國，兩國交戰勢必難免，只要一交戰，人質嬴異人也就必死無疑，誰還認為人質有前途呢？

而呂不韋卻憑著自己商人的一番手腕，竟然讓嬴異人死裡逃生，呂不韋獻上自己愛妃趙姬給嬴異人，又為嬴異人秦趙兩地奔波，散盡家產，自己九死一生，終於讓嬴異人偷渡回秦國，回秦國後，又在呂不韋的運作之下，嬴異人當上太子，進而當上了秦王。而嬴異人與趙姬之子嬴政，也當了日後統一中國的皇帝，也就是秦始皇。

呂不韋自己也享受榮華富貴，當了十一年的丞相，輔佐了兩代秦王，

這樣的投資，以當時商人而言，不可不說偉大，而且又是在重農抑商的秦國，簡直是不可能的投資，地位本是士農工商四民之末，卻因為自己的投資眼光獨具，轉眼之間成為一人之下，萬人之上的丞相，成就巨矣。

而後人記載呂不韋獻愛妃趙姬給嬴異人時，傳說趙姬當時已經懷有身孕，也就是後來的嬴政，所以嬴政其實應該是他的骨肉。這也說明他為何會花了八年的功夫，動用了三千食客，編寫了一套呂氏春秋，其目的就是作為自己兒子嬴政施政的參考。若非無血脈關係，大概不會如此用心良苦吧！這若是屬實，那呂不韋的成就更是無法計算，竟然把自己的兒子拱成統一中國的始皇帝，真是瞞天大謊，巨大的獲利。不過這真偽已經無法追究，商人有此魄力的，呂不韋當稱第一人。後雖遭秦王嬴政賜毒酒賜死，亦不傷其商人梟雄的美名。

× × ×

「人之賢、不肖，譬如鼠矣，在所自處耳！」

在呂不韋秦趙兩國奔波，營救嬴異人時，在楚國的小村落裡，有位小

吏發出這樣子的話來，他就是接替呂不韋相國一職，日後成為輔贏政成為始皇帝的宰相李斯。

當時李斯的生活並不輕鬆，在楚國當個管倉庫的小吏，收入只能糊口而已！

有一天，李斯牽著一隻狗上茅房，在茅房上見到了一隻老鼠，那隻老鼠又黑又瘦，見到有人來驚慌失措四處奔跑。後來李斯回到糧米倉庫時，又見到一隻老鼠，這隻倉中之鼠又肥又白，見到李斯牽著狗來，一點也不害怕，待李斯前進接近它時，它才蹣跚地離去。聰明的李斯見到這樣的狀況，心裡極為感慨，於是說了上述的那段話。白話意思就是「環境把老鼠養成完全不同的個性，同樣是老鼠，難道能力會差別如此之大嗎？當然不是，這完全是環境所造成的，人的賢與不肖也是同樣如此呀！」

所以，李斯體悟了自己應該的投資術，他認為：「尋找好的環境勝於克服惡劣的環境！」

聰明的他並不只是想想而已，他馬上辭去小吏的工作，去拜訪當時最有名的大學者荀況（荀子）為師，成為他的門下弟子，花費十年的功夫，終於學有所成，與韓國公子韓非並稱荀子兩大名徒。拜別老師荀況之後，投往已成為秦國丞相的呂不韋門下，成為他門下的一位食客。

在呂不韋門下表現傑出，獲得呂不韋的賞識，後來因緣際會，終於被年輕的秦王嬴政拔擢為相國。從此大展鴻圖，發揮所長，替秦國編訂了許多嚴峻的律法，李斯終於成為法家的代表人物，發揮法家的精神。秦國也靠著這些嚴刑峻法，在重賞重罰之下，併吞六國統一中國，嬴政也靠李斯成為中國第一位皇帝。

這就是聰明的李斯，李斯在歷史上的功過尚且不論，對他個人而言，見一落葉而能知秋，曉得必須要身處在好環境，個人才有所發揮的可能，就是有正確的投資敏感度。正所謂「衣食足而知禮義」，若自己還在為生活奮鬥，怎能管得到什麼前途呢？就因為李斯有如此卓見，才能在亂局當中，當上強國之相，否則終至老死，仍只是一位管倉庫的小吏而已。

當時的秦國國力日益強大，併吞六國之勢滔滔不可擋，照李斯的投資

術，當然會投身秦國，尋求他的「自處在所」，到秦國之後，又見到當時最具權威聲勢浩大的呂不韋，當然會拜到呂不韋的門下，成為一位食客，附庸強者是他投資術的精神，至於後來的封官拜相，則是他修習十年的功力，加上附庸強者秦王。但是，若沒有先前的步驟，是不可能讓他發揮的空間，也不可能有後來的相國李斯呀！

×　×　×

這三個秦國丞相，距今二千三百多年，那時候的時空背景，與我們現在大大不同，但是投資手腕，古人卻絲毫不遜於今人。

三人之中，以商鞅為最烈，變法圖強，扭轉局勢，看似極為危險，但是，商鞅卻是看準才做的，拜相以後發現秦國只有民風純樸一項優於他國之處，於是他把所有的籌碼，全部集中在唯一的優點上，並且強化它。果真收到民富國強的效果。這做法在現在社會，猶如投資對了一項產品，就把其他的投資全都撤換掉，集中火力專攻一項，當然收益會是最大的嘍。但是，商鞅也創出了一句成語，就是「作法自斃」，因為單一投資獲利雖大，風險相對也是大，若沒安排好退路，就會像商鞅一樣，被刑以車裂，所以，我們投資必先安排好退路。

呂不韋最雄偉，古今中外最偉大的商人，就屬呂不韋。他出身卑微，卻能拜相封侯，當時的秦國已經是泱泱大國，居然還會被呂不韋玩弄在股掌之間，他招招都是險棋，一步接一步，一關卡一關，絲毫容不得失敗，真可謂是千年豪賭。不管他與嬴政之間是否有血緣關係，他在嬴子楚（異人）駕崩之後，也必須輔佐其幼子嬴政即位，才能保住他的投資，因為嬴政再怎麼狠毒，也會念其在趙國救駕之功，果真一介商人，竟能在秦國中拜相十一年。這個當中，還派兵滅了東周這個名存實亡的周天子，也奠定了嬴政以後一統天下的根基。他的投資策略既大膽又果斷，非一般常人能學得來的，可是他的精神確可以勉勵我們，當個人遭受壓力時，請想想呂不韋這位雄韜大略的人，如何起死回生吧！

李斯最為陰柔，李斯真是生得逢時，若生在商鞅、呂不韋的時代，他們異地而處，李斯必定一敗塗地，因為他的能力無法與前兩位相比，但是

他的成就卻遠遠超過兩位，他輔佐秦王統一天下。他的投資哲學，就是尋找到好的環境，然後再發揮所長。

當時呂不韋的食客就有三千人之多，多少人懷有與他同樣的夢想，他做出最有利於自己的事，他投入荀況的門下，所謂「名師出高徒」，總是能學到優於他人之處，既然他陰柔，所以他依附秦王剛猛的個性，創造出秦王喜歡的嚴刑重賞律法。這點最適合我們投資人學習，唯有在好的環境之下，我們才能投資出個人的利潤出來。

台灣若天天和對岸在政治上文攻武嚇，經濟早晚也會完蛋，經濟不好又哪有任何投資利潤可言。而李斯絕對不是雪中送炭的人物，他只會錦上添花，他這種投資性格，若拿到現代來，亦會成為是一個很好的投資操盤手。所以，要選擇好的基金經理人，應該看那位基金經理人有沒有李斯「錦上添花」的個性。

43、小病不醫

許多事情不能人云亦云，必須要捫心自問自己，到底需不需要跟隨別人，畢竟自己的生活，是要靠自己掌握的。

×　×　×

電視節目中的廣告，傳來衛生署的廣告：「小病不醫會成為大病，請全國國民要注意自己的身體狀況，平常固定檢查身體，多運動以保持身體健康。」

女兒宜欣看了電視不安的向父親說：「老爸，你看啦！電視上說小病不醫會成為大病，你整天咳個不停，不趕快去看醫生是不行的啦！」

父親富雄道：「誰說我沒去看病，昨天才去巷口的王耳鼻喉科看過，那王醫師說：『只是小問題，喉嚨有些發炎，痰多一點罷了。』吃吃他開的藥就好了，沒什麼大不了的。」

女兒宜欣道：「可是你吃了一天也沒變的好些，我覺得還是要去大醫院看看啦！」

父親富雄道：「可是我天天要上班，沒時間去大醫院掛號等看病，小毛病就到小診所看看好了。」

女兒宜欣仍然不放心的道：「好吧！不過你要答應我，如果不見起色的話，你就要去醫院看喔！」

富雄說完又咳了好幾聲道：「嗯！如果吃完三天的藥，還沒轉好，我就會去大醫院看病。」

這樣的情境，看在宜欣眼裡，心裡頭總是有份不安。過了二天——

「媽，我回來了！」宜欣從公司下班回到家裡，見到媽媽正在廚房。

宜欣又問道：「咦！老爸怎麼還沒有回家。」

「你爸已經住院了！」宜欣的母親若男邊炒菜邊說。

宜欣驚訝道：「什麼！老爸已經住院了。」

母親若男道：「對呀！早上他還一直咳個不停，下午自己就請假到大

醫院掛號，門診醫生一診斷就說他得了肺結核，必須要住院醫療。所以，當天他自己就辦好住院手續，現在人已經醫院病房當中了。」

宜欣焦慮地問道：「肺結核不是很嚴重的病嗎！」

母親若男道：「我剛剛才從醫院回來，見到他氣色也還不錯，應該不會怎樣吧！我弄完晚餐給你吃後，還得去醫院看你老爸一趟。」

宜欣心急地道：「還弄什麼晚餐呀！我們現在就去看老爸啦！」

「我才剛回來！你也讓我喘口氣嘛！」媽媽若男說完，從廚房端出兩樣菜。又道：「我們兩個隨便吃吃，待會兒再一起去醫院，妳放心好了，你老爸還好的很。」

「好吧！」宜欣無奈地拿起飯碗隨便地扒了幾口飯。

母女兩人匆匆吃完晚餐後，在宜欣的強烈要求之下，兩人立刻啟程去醫院。到了醫院之後，兩人急忙趕去富雄的病房。

「爸！我們來看你了！」

宜欣看到父親坐在床上跟隔壁床的病人聊天。

富雄說道：「喔！宜欣你們來嘍！」

宜欣問道：「爸！你的病怎麼樣了？」

富雄說道：「醫生剛才又來這裡一趟，他說幸好發現的早，只要在這裡住兩天，接受紫外線照射就好了，再吃吃藥就會好了。」

宜欣說道：「幸好爸爸你早來醫院檢查！」

後來富雄在醫院住了五天，果然病情一下子就控制住了。出院後，人已經痊癒的八、九成。

這一天，他仍在家裡休息，沒事在巷口散步，碰到了診所的王醫師。

王醫師向富雄打招呼：「富雄，好久不見，最近好嗎？」

富雄說道：「不是很好！剛從醫院住院回來。」

王醫師說道：「怎麼回事？」

富雄說道：「還不是上次的病，後來醫院說那是肺結核，還住了五天病房。」

王醫師聽完說道：「怎麼會呢？你那病明明是感冒，不會錯的。我也是從那家醫院出來的，在那裡十幾年了，我最清楚那裡了，他鐵定是把你誤判了，我問你，你的肺部會不會哪裡痛痛的？」

富雄道：「倒是不會痛！」

王醫師信心滿滿地說道：「那一定是誤診了，你真的只是小感冒而已啦！不會錯的啦！」

富雄仍然狐疑地說：「但是，我還是把病醫好了呀！」

王醫師說道：「當然嘍！如同用槍打鳥會死，用大砲打鳥，鳥一樣也會死，用猛藥醫當然也會有效，只是身體就被傷害了。」

富雄道：「怎麼會這樣子呢？那我不是白住院了，又白白挨了一頓苦受。」富雄覺得自己像隻實驗室的白老鼠。

×　×　×

當投資的事業又缺現金時，有兩種方向供股東選擇，一是籌錢把錢再投資進去，二是把資金撤走。前者是看好後勢、後者是看壞後勢。但是，最差勁的做法就是鴕鳥心態，放著不管。不追加預算也不做撤資。投資的

事業會缺錢，一者是生意太好了，必須擴大經營搶生意，如果這時候沒有加碼恐怕會別人佔去先機。二者是收入沒有增加，可是費用卻不斷增加，必須投入更多的資金才可以解決問題，這時候，投資的人可能就面臨到投資一定要學會的功夫了，那就是停損。

諸葛亮六出祈山征討曹操，六次失敗，但曹操卻無法趁勝追擊，眼巴巴的看著諸葛亮退回蜀中。這就是諸葛亮把撤退的功夫做的好，每次都失敗，卻每次都能成功撤退，也就是每次他都能在戰爭中安全的「停損」。

停損不是等到損失老本才來做的，應該不管賺多少都隨時要有這樣的心態，這樣才能確保當初已經獲利的成果。所以停損就像是小病就根除，這樣一來，也就不會有生大病的機會了。

但是，判斷是不是大病，那可就必須下一些功夫嘍，可不要小病當作大病來醫，那就有一些矯枉過正了，真正應該的做法，就是捫心自問，許多事情向外求是沒有什麼結果的，必須感覺自身的狀況，這樣才能感覺到底是大病或者小病。

44、曹操的投資學

投資的項目並不只金錢而已，投資的範圍小從金錢的多寡，大至於整個國家的興衰，都包含在裡面。當初台灣之所以跟得上高科技電子業的腳步，除了台灣有許多的人才「留美」之外，還有一項正確的投資，就是李國鼎先生當初力倡開闢「新竹科學園區」。所以，李國鼎先生有「電子業教父」的美譽，就是因為這項闢園建區的投資正確，使得台灣企業享受到電子業的榮景。

曹操也是歷史上一位倍受爭議的人物，不管他在歷史上的功過如何，但是對於他的投資手法，卻不得不讚賞。

有一次他貼出告示，號召所有的有能之士加入他的陣營。竟然公開宣示不重道德，只重技能，顛覆了漢朝建立的儒家風氣。只要有一技之長便可重用，不管以前幹了什麼壞事，雞鳴狗盜之輩，甚至弒殺父母者皆可錄

用。此榜一出，原本逃亡被通緝之徒，若有一技之長，都紛紛投靠曹營麾下，一展長才。曹操也既往不究，一律重用有能之人，那些犯罪之人得到從新做人的機會，無不全力貢獻，故曹營麾下能人之士極多，乃與曹操的重才不重德的政策，有相當大的關聯。

或許國父孫中山先生，之所以會讓共產黨加入國民黨，大概也與曹操的政策有些許仿效性，曹操知道與其放任那些人才在外面胡作非為，還不如收編回來大膽利用，畢竟在曹營裡有嚴格的軍規，想要玩什麼花樣，總是比較容易看管。孫中山先生當初大概也是如此心思，與其放任共產黨在外頭生事，還不如收納進來。可是孫中山先生沒有曹操的命長，也無法有效利用共產黨效命。但是，曹操這點就做得很好，凡是投靠之士，無不賣命效忠，曹操也得以開拓版圖，終於由他的兒子——曹丕建立了魏國。這全得靠曹操當時的用人唯才。

× × ×

投資也是如此，筆者常常與一些年紀較大的投資朋友聊天，發現他們以前曾經在金融股賺到不少的錢。但是，他們現在對於新興的電子股就興趣缺缺，甚至於又愛又怕，因為電子股的確獲利能力強，然而相對的，它們的風險性也高，有時候，景氣一反轉，或者競爭對手出現更好的產品，往往損失慘重，獲利由正轉負。所以，他們都不太敢買電子股。這樣的做法，如同人在漢朝時，犯了儒家士大夫的腐儒風氣而不自知。

往往創新格局者，必須要有非常的手段，投資也是如此，例如：張三看到李四從股價一元買到股票，結果飆漲到一百元。不可能還希望自己從一百元買到，而股價會飆到二百元的價位吧！投資一定是要大膽，但是，千萬不可因為想大膽而大膽，一定要如同曹操一般，用人唯才。投資的「唯才」，就是「前景」。「前景」好的企業，投資者應該趁人家不要的時候大力搶進，而不要太計較該公司當時的營收狀況，還是那一句，投資股票，就是投資未來，而不是投資過去，因為股價是反映未來營收的，所以，投資就是在投資前景。

45、停車之道

現代人脫離不了車子，尤其是在交通不發達或者是陌生的地方，自備車子更是必要。但台灣的都會區，尤其是台北市，自小客車的成長太過迅速。在交通擁擠的地方，停車位真是一位難求。所以，開車族雖然享受了開車的機動性，卻也付出了相當的代價，暫停在紅線上，一不小心車子就要被拖走，要不就吃紅單子。就算你幸運停到停車格上，也要付出相當的代價，一個月下來，小則三、四千元，多則七、八千元的停車費，對一般的上班族而言，是一筆不小的開銷。

更惡質的是，有些商店不想讓自身的店面讓車擋住。往往在三更半夜的時候，自己買油漆，偷偷把路邊給塗成紅色，這樣一來，更讓開車族感到無所適從，拖車大隊於是順理成章地把你的車子拖走。

但是，小市民自有謀生之道，有個朋友他就常常利用人性的弱點，減少停車的費用，我聽到時也不得不佩服他的腦筋轉的快。

以下就是他的舉例：

①、如果你停車的地方有學校，那就去找家長接送區，安心的把車子停在那裡，絕對不會有拖車隊打你的主意，因為他們不會自找麻煩，把車子拖走。因為他們把車子拖走，假如你如果申訴的話，往往都會成功。因為照片上顯示的時間，只能到日而已，沒辦法顯現出幾時幾分，所以，雖然家長接送區一天只有兩個小時可以停，他們卻不敢拖你的車，因為他們怕麻煩，這樣一來就省下一天的停車費了。

②、如果你是停到大型停車場，而且可能還要停好幾天的話，像（機場、醫院等）。當你準備要開車回去的時候，你的停車費一定會嚇死人。這時候，你就要用一招來對付，就是直接把停車單撕毀，然後開車到收費員那裡。告訴他，你的停車單掉了。這樣一來，你最多只會付一天的最高金額而已，這比起要付好幾天的費用而言，又省下了不少錢。

③、如果你的停車位置是屬於人工計費，有一個方法倒是可以利用，

就是常常去抽單。因為一般人工計費的人，不可能每個小時都來幫你計算金額，一般都是二、三個小時巡邏一次，甚至有四個小時巡邏一次。若你在他開單後第一個小時就去抽單，他要等到四個小時才會再來，再來時他只得從新開立一張停車單，以一個小時三十元計算，你四個小時就省下六十元。然後四個小時後你再來抽單，他四個小時後才會再來，你只要再付一次三十元，一天共花費九十元。如果你不如此做，那一天八個小時的停車費，你就得付出二百四十元，你看這不又省了不少錢嗎？而且這是完全合法的。若要知道那位收費員何時會來，你只要看看你手中計費單上的巡邏時間，就會透漏出計費員的行動週期了。

④、再來是一個比較陰險的方法；一般收費員他們對於第二次計費的時候，都只會填上時間，勾上面的金額，然後走人。朋友就常常利用如此的人性弱點吃霸王餐，他停完車後，誠如第③例子，許多人都會抽單。所以，他會找一輛較遠的車子，然後把它的停車單給抽過來，因為根本就沒有人會抽別人的單子，此舉根本沒有人會想到。然後把這個停車單夾在自

己的雨刷片上，這樣一來，一般較不細心的收費員，經過你的車子，只會把時間及金額再填上去，然後走人，根本就不會再看那張單子，到底是不是你那輛車子的，於是就算你停了一整天，停車單也填滿了金額，很幸運的，你仍然一毛錢也不需要付，因為那張單子根本就是別人的，這就是利用人性的弱點設計的魚目混珠法，我朋友說他自今仍未被逮過，就算被收費員知道了，大不了依收費員的職權，也只能再開一張當時的停車單給你罷了。不過這有點損人利己，大家看看就好。

⑤、還有個絕招，就是停一些大的停車場，機器吐出計時收費卡，而且要入口跟出口分開的那一種。幾個小時之後，當他要開車回去時，他不急著回到自己的車上，反而又走回入口的位置，等四下無人時，再按一張計時收費卡出來。然後輕輕鬆鬆的走回自己的車上，再以最優雅的姿勢，開著自己的車子，以新的計時收費卡去繳費，當然他只會繳最低金額，這樣又讓他逃過一劫。

⑥、台北市路邊常常在施工，一旦施工完畢的話，本來的紅線，就會

因為施工而毀壞了。這個機會又被我的朋友利用到，他只要看到這樣的情形，一定會大剌剌地把車停在那裡，雖然明眼人一看都知道，那裡是禁止停車區。但是，只要紅線被拆除的話，就算是拖車大隊，也不敢把你怎麼樣，因為他們取締的規定，一定要照相存檔，萬一相片上顯示出來的不是紅線區，他們可就招怒民怨了，所以，他們寧願不賺這沒把握的錢，也不想官司纏身。

⑦、還有一種方式與抽單有異曲同工之妙，就是投幣的時間點，這是我親眼所見的。一般路邊停車的費用計算有兩種，一種是人工計費，一種是投幣計費，當投幣計時顯示時間到，巡邏的收費員看到都會補上一張兩小時的單子。筆者就親眼見到，一家洗車公司霸佔店面前的停車位，因為他們在店面做生意，都已經計算到收費員何時會來，所以，他們僅在收費員到來之前，投下最低金額的五元硬幣，這樣計費員一來，看到計時器仍然在計時。也就不能開停車單，他們就以區區的五元硬幣，把收費員給打發了。

以上七條的停車妙法，實在是因為台北的停車費太貴了，小市民不得不有的小腦筋。所謂苛政猛於虎，政府不應該只用嚴苛的法規對付市民，而應該藏富於民才對，唯有創造一個安居樂業的環境，人民才有幸福的生活，政府的稅收也才會高。

× × ×

投資的環境，就像是停車一般，我們雖然中規中矩的遵守遊戲規則，但是，就有人會花小腦筋動小手腳。所以，投資的世界才會充滿了變數。不過，千萬不要忘了籌碼的移動，才是形成投資的主流，像上述那種停車之道，也只能改變一些小變化而已，我們還是應該以計算籌碼為依歸。

例如我有個朋友，對於停車之道就有一個很根本的解決之道，他只要到哪裡上班，若必須自己開車的話，就會在該地區，買下一個車庫的停車位，這樣一來停車就完全沒問題，若是自己再異動的話，就把停車位再賣掉，據他說，停車位再賣時，往往會比當初買時價錢還好，這麼一來，他上班等於是完全免費停車，這不是更酷嗎？

46、鉅富的特質

人人都想成為鉅富，「富比世雜誌」每年公佈的全球前五百大富豪可發現，二〇〇二年身價在「十億美元」以上的四九七名富豪排行榜中，有二三七名是白手起家。

至於要如何成為富豪，其實是有秘訣的，根據美國一本由福利森所著的『如何成為億萬富豪』的一書指出祕訣如下：

一、懂得將一個偉大創意發揚光大

富豪不一定是某個偉大創意的發現者或發明者，但卻是能把偉大創意發揚光大，懂著其中的生財之道。例如，二〇〇二年富比世全球富豪排名第一的比爾蓋茲先生，雖然是從電腦作業系統DOS發跡，事實上，真正發明DOS作業軟體的仁兄老早就在酒吧一場鬥毆中喪生，得年才五十四歲。而比爾蓋茲卻能靠著DOS發跡成為全球首富。

二、富豪通常臉皮鍛鍊得很厚

富豪的行為模式通常異於常人，常做出違反社會常規之事，引起他人嫉恨的事。二〇〇二年富比世前四九七位億萬富豪中，便有二十七人曾經遭到退學。因此，如果你想要當個好好先生，誰都不想得罪的話，最好打消當富豪的夢。

舉個例來講，美國最大零售商威名百貨的創辦人山姆華頓（Sam Walton）便經常扮演市場價格擾亂者的角色，引起同業的反彈。而且一逮到機會，山姆華頓便伺機向供應商殺價，做為供應商，誰都知道威名的生意不好做。

三、抱緊資產

財富要可長可久，就要具備足夠的定力，拒絕短期利益的誘惑，抱緊核心資產。華倫巴菲特就是能夠抱著績優股，一報二十年，享受複利的效果。微軟的比爾蓋茲也是能夠抗拒創投資本家的誘惑，不放棄微軟的大部分股權，才能享受該公司的獲利。

四、懂得撿便宜貨的獨到眼光

富豪撿便宜貨的方式，通常不是等到整個社會都認為很便宜時才會去買。他們認為，一旦某項資產的現價已經低於其「潛在價值」時，便是介入的良機。例如，美國房地產巨子凱帝（Paul Getty）在一九三八年房地產仍持續下滑的景氣蕭條中買下紐約第五大道的Pierre Hotel。當時，大家還認為凱帝買得太早。不過，即使處在經濟大蕭條中，凱帝卻看出了房地產的潛力所在。於是他說服紐約的社會名流到Pierre Hotel 開宴會，把它轉變成紐約的社交中心。幾年過後，凱帝卻以七倍的價格脫手Pierre Hot el。

五、面對投資風險，氣定神閒

投資沒有一定賺錢的道理，不過，富豪一定有辦法能使自己安度投資的低潮。

成為鉅富的特質，節錄於網路謝富旭先生的文章，我覺得好極了，所以，也把它收錄進來也當作是自己的座右銘，分享給各位朋友，原來世界

鉅富都是如此思考的呀！好像也和我們平常人差不多嘛！如果真的有不同之處的話，大概是臉皮要厚這一項還需要加強吧！

畢竟臉皮厚才能貫徹自己的意志，讓自己的目標不被打折，進而追求完美。如果臉皮薄、耳根子軟往往做事就事倍功半，因為你的要求往往被下屬或者對方打了折扣，最後出來的成果也就不了了之，這也是我從事券商經理人所常遇到的問題。

往往自己的要求被下面的成員打了折扣，到後來成果反而不三不四，應該要厚臉皮到讓所有的人都知道自己的要求是什麼，毫無轉圜的空間，這樣一來，反而對彼此都是好的，中國人做事，「情」字擺第一，往往耽誤了大事，到時候，反而彼此更加相對難堪。

47、致富的關鍵

有一陣子特別喜歡新時代賽斯的書，當時，把所有賽斯的書都看完了好幾遍，覺得好得不得了，好像把自己多年模模糊湖的心底想法給說了出來，也因此更深入去研究此中的學問，並認識了許多新時代的好朋友。

不過由於賽斯叢書較偏向於「形而上」的學問，對於想要應用到日常生活進而改變自己環境的要求，功能似乎不大。

就在苦惱之際，跟一位新時代的朋友聊了起來，他發現我有這樣的困擾，於是也把他的心得與我分享，他說：「由心靈到外在的改變，其中最大的過程，不是不斷的改善心靈，而是行動。心靈改善了，外在的環境會變得友善而且美好，但是，行動才是促進與外界溝通的橋樑。所以，一般靈修團體不成功的原因，乃在於缺乏行動。」

他這句話，也讓我想到達摩祖師渡江來中國，看到中國僧整天打坐參禪、念佛、敲木魚，他看了之後於是說：「禪若在坐裡，那僧人只要天天打坐就好了。」

我聽了他的話之後，忽然心門大開，把賽斯書丟進了我的書櫃裡，從此以後，數年未曾開啟。

是我背棄了賽斯了嗎？是我覺得賽斯學問無用嗎？不！當然不是！是我已經在賽斯哪裡學到太多東西了，我現在正要消化哩？

若你看完本書之前的章節，心靈有所感應的話，你應該放下本書，把觀念再度釐清，然後把本書丟到一旁去，之後就**Just do it**，單純的去行動，而且是大量的行動。唯有正確且大量的行動，才能讓自己從本書當中獲得利益。

既然你已經知道投資致富的因素，也知道投資致富的手法，也知道抓住旁人「懶惰」與「慾望」結合的天性了。你現在唯一欠缺的就是「大量的行動」。唯有大量的行動，才能讓你的idea付諸實行，唯有大量的行動才能讓你效能倍增，也唯有大量的行動，才能讓你比別人有更多的成功機

會。

所以，在計劃確定之後不要把自己當作是超人，天天加班。我們不是要一時的激情，而是要把自己當作是機器人，去不斷重複「對的行動」，之後，你就會發現你的財富就在你大量的行動之後，等著你來收割。

48、太極四勁法

太極四勁法，是我練太極拳十幾年來的心得總結，原本是不能算為投資書籍的內容。但是，太極是老祖宗留下來的傳統養身技擊絕學，若不發揚出來，就太對不起前人的努力。幾經思考，終於讓我找到了一個牽強的理由：「至少可以強身健體，也算是投資在自己的身體健康上面吧！」

所以，請讀者不要輕忽這篇文章，我可是花了十幾年的時間與大筆的金錢、精力，才能寫得出來的。若是要我，只能在本書中，選擇一篇推薦給讀者的話，這篇就是我直覺的首選。該文如下：

欲練得太極之俐落、乾脆、發人如掛畫之境，得先深究解析拳理，明白究竟之理，探知練太極得先練勁，漸至懂勁境界，方才恍然大悟。所謂太極，乃是環狀力的展現與應用。應手時，不直接與對方之來力面對面力抗，是當時原始設計的目的。如此一來，就能達到出奇不意的奇兵效果，

也就是當對方來力時，有得必有失，一出手，必有空虛處，太極者藉由己身的環狀力，不抗對手來力，反打在彼身空虛處，對手防不勝防。故，太極高手者應敵時，無須退避，一退避，反而無法打在對手空虛處，反而不是太極。應一交手時，便出環狀勁打在對手身上，立分高下，方是太極拳正確的應手法。

但是想練得環狀力在身上，就必須把勁拆解分析，單練、合用，才得太極奧妙，原來所謂太極拳，與其說是練拳，還不如說是練腿、練身形移動，較為貼切。而若想練得腳底聽勁、身形發人功夫，則須解析太極之勁力來源，吾探得之，乃為四種勁力互相應用結果，分別為「拔根、翻浪、纏絲、抽絲」四種勁力，此四勁之研究如下。

拔根、翻浪、纏絲、抽絲四勁之中，拔根勁、翻浪勁為直線力，藉由對方之來力，啟動自身後腳掌之力。對方之力，如同槍之扳機，對方之力一發，吾人之勁隨即趁空隙之處回發出。

發勁時，身形如同躍出之豹，亦如彈簧彈物。身形配合前進半步，以便潛入對方重心之四周，令其搖動而浮起或下挫。發勁時，由下往上是拔根勁，讓對方飄出、外跌，故曰「拔根」。而由上往下則是翻浪勁，讓對方往後、往下跌出。

此二法之秘訣，在於搭手時，自己的前肢與身體皆不能先用力推出，但需守住，不能被對方一推就垮，反而要導引對方之力於腳底，要先靠身形與腳掌的移動發勁，達到彼勁在死，己勁在活的目的。

搭手時，己身手不能縮，亦不能伸，要能維持成一個導引力量至腳底的身形通路。要做到此點，必須先要在己身找出最理想的力源導引架構，含胸、拔背、沉肩、墜肘、落胯是五大要求，五項都能做到時，力量就能引導至腳底，然後藉由身型的移動，就能把腳底回饋的力源引導至手上運用，這就是所謂的「整勁」，整體一勁之意。

原則上，上半身只是導引下盤上來的力量而已，腰胯、腳掌才是主要的力源。然後當身形、腳掌發勁之力已讓對方跌出，失去重心之後，手勁此時需及時跟著吐出，力量就會有加乘效果。勁發加力吐，就能使對方跌

出之勢，有加乘之效，身形卡位，讓對手佔不到便宜，是一般所謂高手的通病，若要讓人有驚駭效果，則需勁發加力吐的練習。這就如同牛之用力往前衝撞，然後再加上牛頭之上揚，便往往能把人拋出丈餘，是一樣的道理，亦算得是借力使力的方法。只不過，借的是自身下盤之力上來之力，而非他人之力。

而翻浪勁的原理，與拔根相同，只不過必須在手上再加上一個下壓來勢與翻浪的動作，也就是引導對方來力向下，吾力翻轉在上而出，才能引進落空對方之來力。亦可說，翻浪勁是拔根勁不能行之後的直線力變形，拔根勁是對手之力已經上浮，所以，可以直接拔其根。但是若遇對方之力與己身平行相抗，不分上下，此時若抗住，恐有鬥牛之虞。或彼力已在己身之下，己身無法引導彼力於腳底，此時恐有被對方拋出之虞，此時就需在己身無法平衡之時，果決地，再加上「引進落空」之動作，下壓對方之力，引對方之力於下，但不能讓對方之力侵犯己身，要趁對方之力未進入己身之前，一個手勢的圓滾翻轉，突然發勁由上而下而出，此效果如大浪蓋頂而至，若使出翻浪勁，由上往下蓋頂，受勁之人，如同先跌入又突然受一個大浪蓋頂而至，躲之不及，被浪覆蓋，受勁之人應是後仰、往下跌出，感覺極為驚恐。

這拔根、翻浪乃算是初級功而已，效果雖大，正式應用之時，卻少能發揮出來，練者應先知曉。

纏絲勁、抽絲勁則屬於環狀力，讓對方之直線力，無法加諸於己身，纏絲勁是讓對方之力「引滑落空」，具有先禮後兵之道，讓對手失去重心往左右傾斜。而抽絲勁，則恰相反，反客為主，一搭手便直接讓對方失去重心，一接收便發勁，對方便如同陀螺一般旋轉跌出，直接由其背後旋轉摔落。發勁之法需由兩腳掌同時應用，與拔根、翻浪勁只用後腳與身形帶動是不同的，但前腳也需前進半步，這點倒是相同，因為這乃是出勁的樞鈕動作。

纏絲、抽絲出勁之時，乃由腰軸帶動，力量傳導至身形，再傳導至兩腳，但兩腳掌吃力之後，並不能移動。於是力量會向內旋轉回饋於體內，

成為螺絲狀之力留在體內蓄發，由於兩腳掌不移動，兩腳掌回饋力便會相會旋轉於體內之中，此時瞬間身形便會凝重萬分，兩腳掌亦是有其根存在的，功力愈深者，則根愈深。不過若要運用此勁得當，則需前腳出半步，則整體之勁，便如同洩洪之水、出閘之虎，頃刻奔流至雙手之上，任隨自身運用。

四勁之中，應先練拔根，再練翻浪，兩勁熟練後，應常常與人推手，請對方以力餵己，感覺由周身傳導至腳底聽勁之妙處奧秘後，再習練環狀的纏絲、抽絲。而與人搭手時，若想得聽勁之奧妙，兩腳跟需浮起應對，胯需落下，膝蓋不可繃直，繃直雖力強，但勁死矣。整個人如同欲撲出之豹，彈性、靈活有加，由於全身不崩直，身形、神態自然安然自若，在「無極」狀態，不發之時為「無」，一發則為「極」，發完又恢復至「無」的狀態。

待此四勁熟練之後，便可練「亂環」矣。

欲練亂環亦需常常與人推手，請對方以直線力餵己，需聽出對方力之空缺處，然後進力至對方空缺處。直線力聽熟之後，再請對方轉化直線力為其他方向力餵己，再去感受對方力之空缺處，時效上要做到，愈聽反應愈快，都需在聽勁之後，由其力之空缺處吐勁於對方，亂環推手的重點在於己身之身型不能散，亦不可與對方相抗，散則被破，抗則僵，失去靈活主動矣。

一般而言，對方來力，可分為平行之力、朝上、朝下、朝左、朝右，等五種。

若是朝下之力來，受力之後，則直接以翻浪勁回擊，或先以纏絲勁引進落空，再以翻浪勁回擊其對方重心上方，能做到兩者混合回擊時，方能稱之為整勁。

若是朝上之力來，則直接以拔根勁回擊，或者以抽絲勁接力，使其力更上浮，然後拔根勁隨後跟上發出，亦是兩者混合一起使用，亦是整勁之功，決非單一之力可完成。

若是平行之力來，則需先搖撼其上下，以使用上述兩者應對之道，一

般需先讓對方之力，能否轉為上飄之力，然後拔根抽絲勁，隨後吐出，對方則人仰馬翻。若無法使其力上飄，則以翻浪勁應對，翻浪時，應以「驚炸」為主，對方來不及防備。但是，若失敗則容易被對方拔根，故翻浪最好打在對方重心側邊，或左上、或右上、或下。拔根、翻浪皆不行時，則以纏絲令其力引滑落空，無法用於己身，再以環狀力回擊其空缺處。

四勁混合練熟之後，與人搭手便以亂環應對，讓對方知難而退即可。練熟「四勁法」之後，便可把太極拳套，拆解任意練習，任意揮灑練習，心之所至，拳腳亦至，單鞭、雲手、斜飛、摟膝拗步、提手上式、下勢、美人照鏡、抱虎歸山等自由組合，總需做到由腳發勁，以神引導，以心中假想敵產生狀況，己身隨機揮灑而出，必須做到無掛礙出掌，方至小成，故清朝時稱太極拳為神拳，乃是以神（意志）帶身之意，即所謂：無招勝有招。

而若想大成，甚至養年有術，則需把拳套由慢練至快，但由慢練至快的過程中，式式都須由腳底發勁而出，不可有一式馬虎，否則，又成空拳

矣。然後，再由快練至快慢相間，總是在發勁瞬間，才吐雷霆之力，即所謂「小架」之意。最後，再從快慢相間練至慢拳，即可成「大架」之功，把應發之勁，皆蓄存在體內備用，以鼓盪內氣。至此，不但養身有術，甚至舉手投足之間，皆有一股神氣在身，令人不寒而慄矣。對方若與己身搭手，如有落狼口之羊，顫慄畏懼之感油然而生之感矣，發不發對方，全憑己好，由不得他人。

至此太極功可算大成矣。而後，由於慢拳皆把外勁內收，型態便可練到如同常人一般，即所謂：看山是山，看山不是山，看山又是山之境，亦是古人所云：練拳養氣，練氣養神，練神還虛之境界了。

以上乃為太極四勁法之練習方法，循序練習，一年半載之內，便能事半功倍，太極神拳上身，指日可待。

國家圖書館出版品預行編目資料

歪打正著—輕鬆致富投資術／黃國洲著
－初版－臺北市，大展，民 93
面；21 公分－（理財、投資；4）
ISBN 957-468-287-0（平裝）
1. 投資
563.5　　　　93001103

歪打正著—輕鬆致富投資術

ISBN 957-468-280-7

著　　者／黃　國　洲
發 行 人／蔡　森　明
出 版 者／大展出版社有限公司
社　　址／台北市北投區（石牌）致遠一路 2 段 12 巷 1 號
電　　話／(02) 28236031・28236033・28233123
傳　　真／(02) 28272069
郵政劃撥／01669551
網　　址／www.dah-jaan.com.tw
E-mail／dah_jaan @pchome.com.tw
登 記 證／局版臺業字第 2171 號
承 印 者／國順圖書印刷公司
裝　　訂／協億印製廠股份有限公司
排 版 者／千兵企業有限公司
初版 1 刷／2004 年（民 93 年） 4 月

~~定　價／330 元~~
特　價／249 元

大展好書　好書大展
品嘗好書　冠群可期